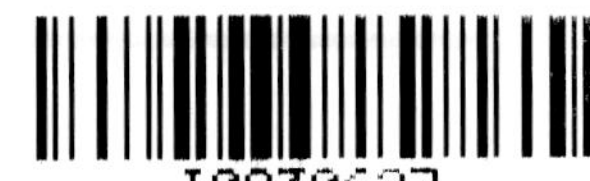

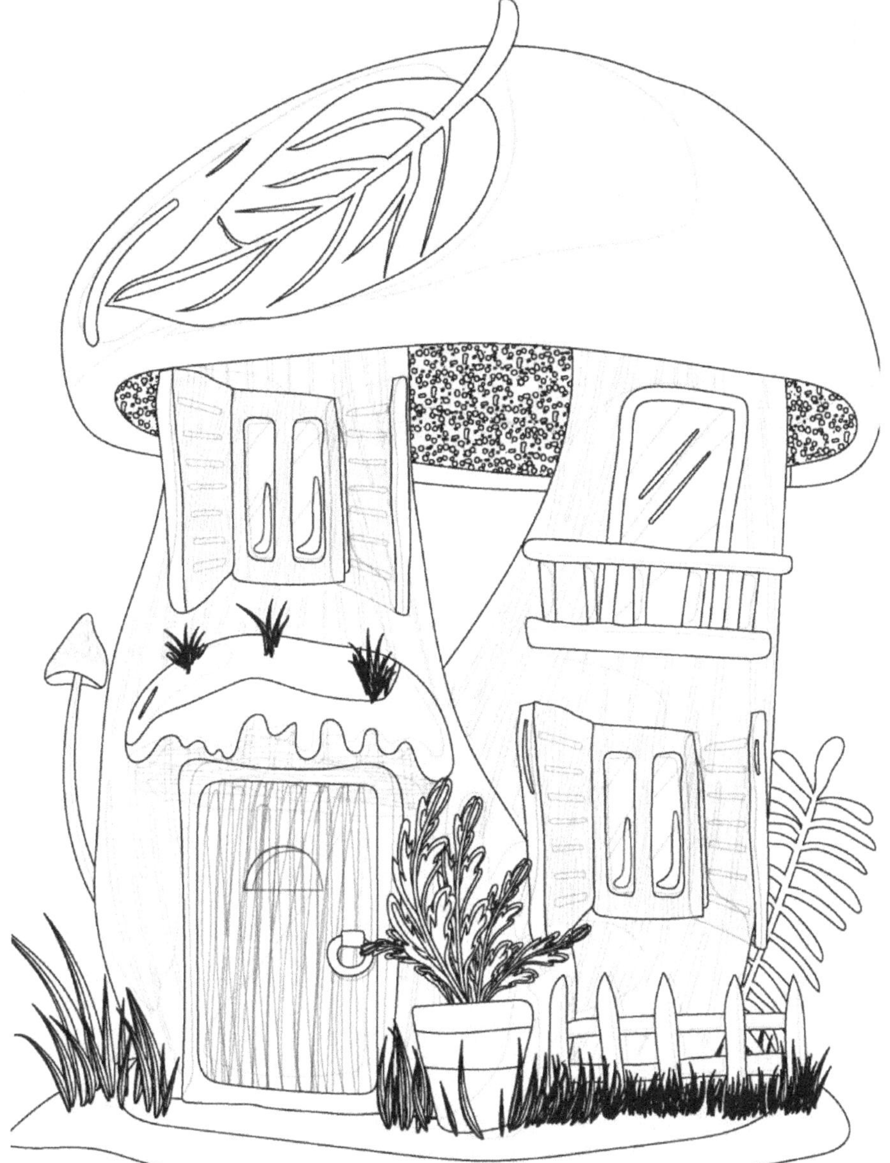

Este libro pertenece a

PÁGINAS DE VISTA PREVIA

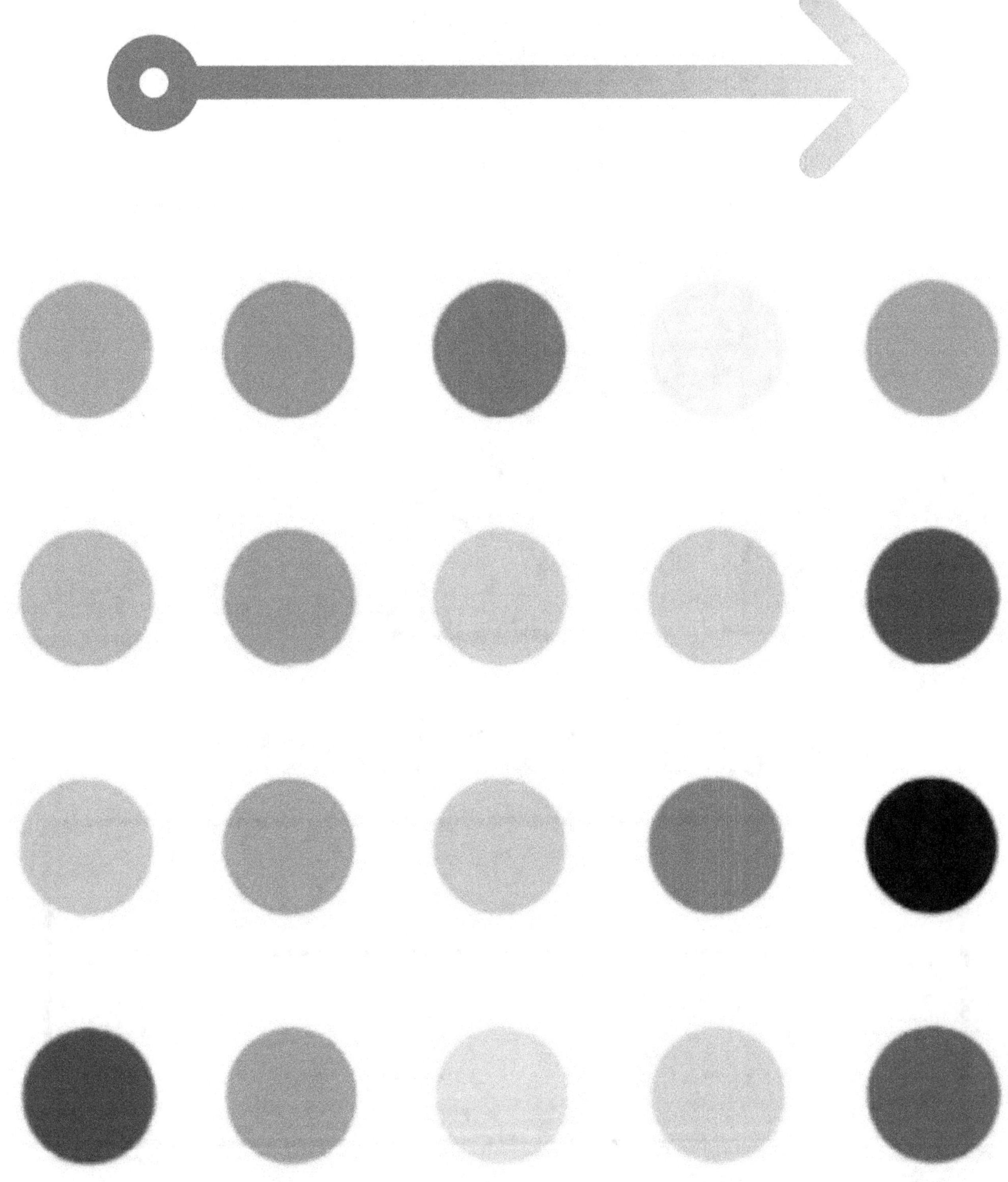

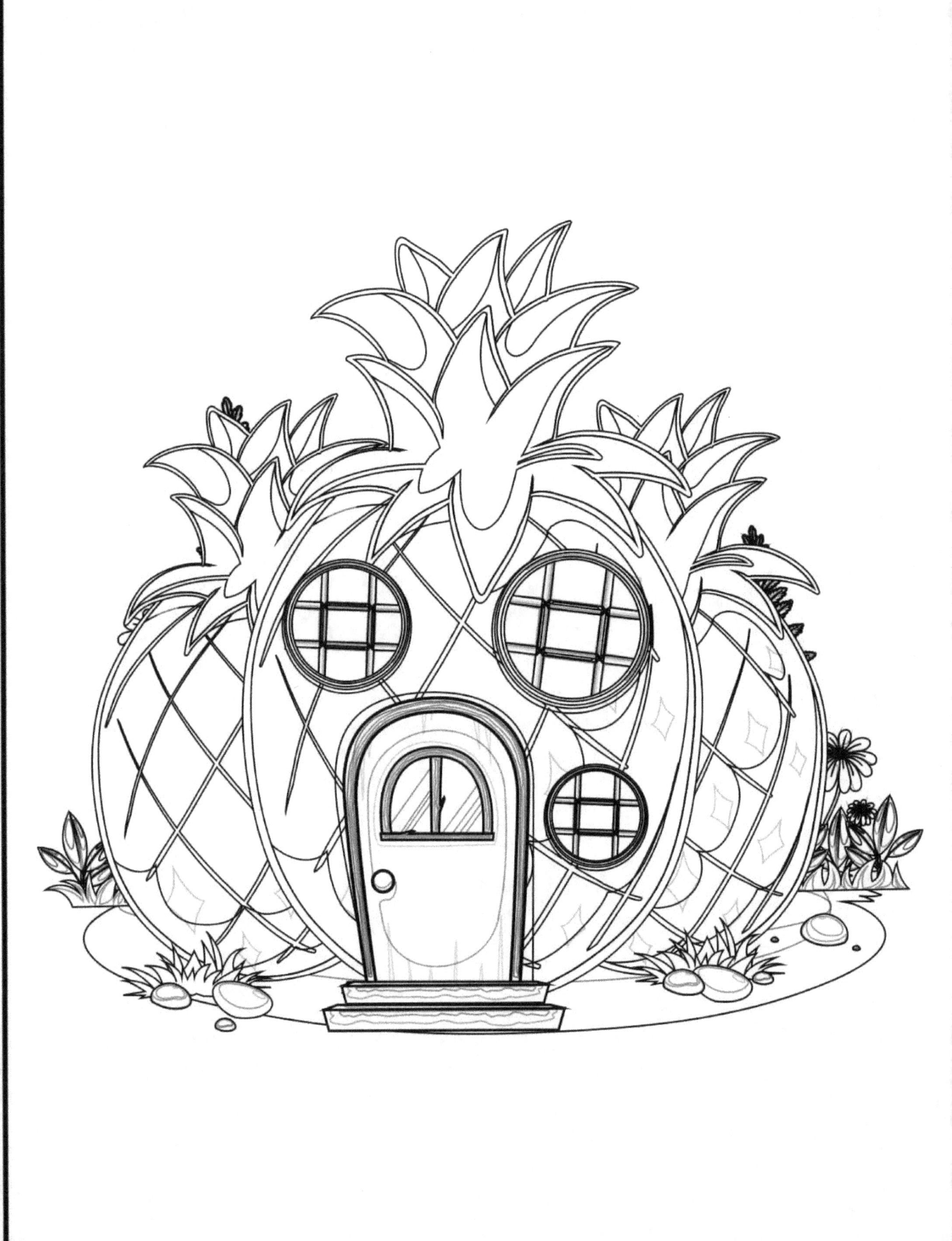

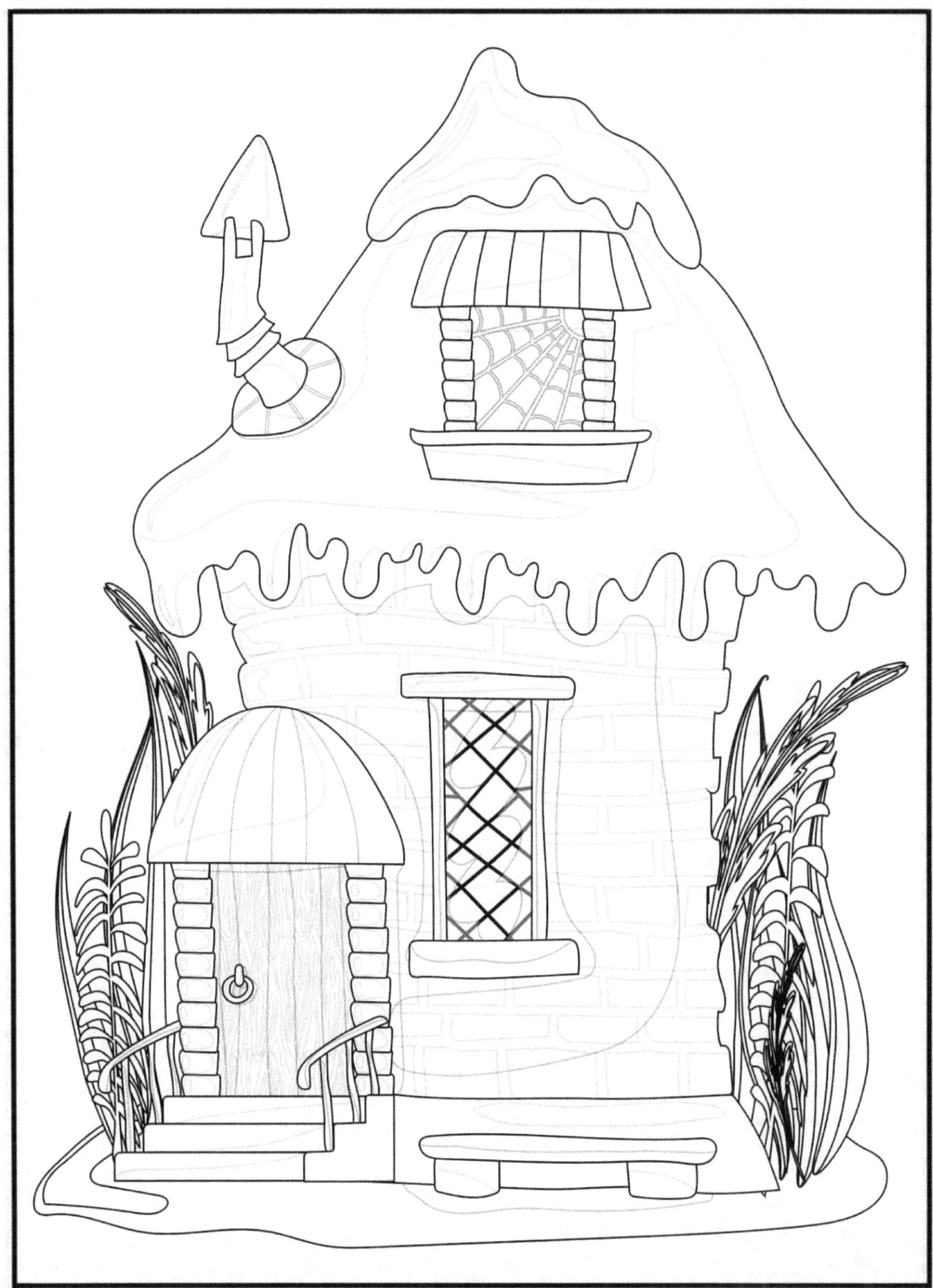

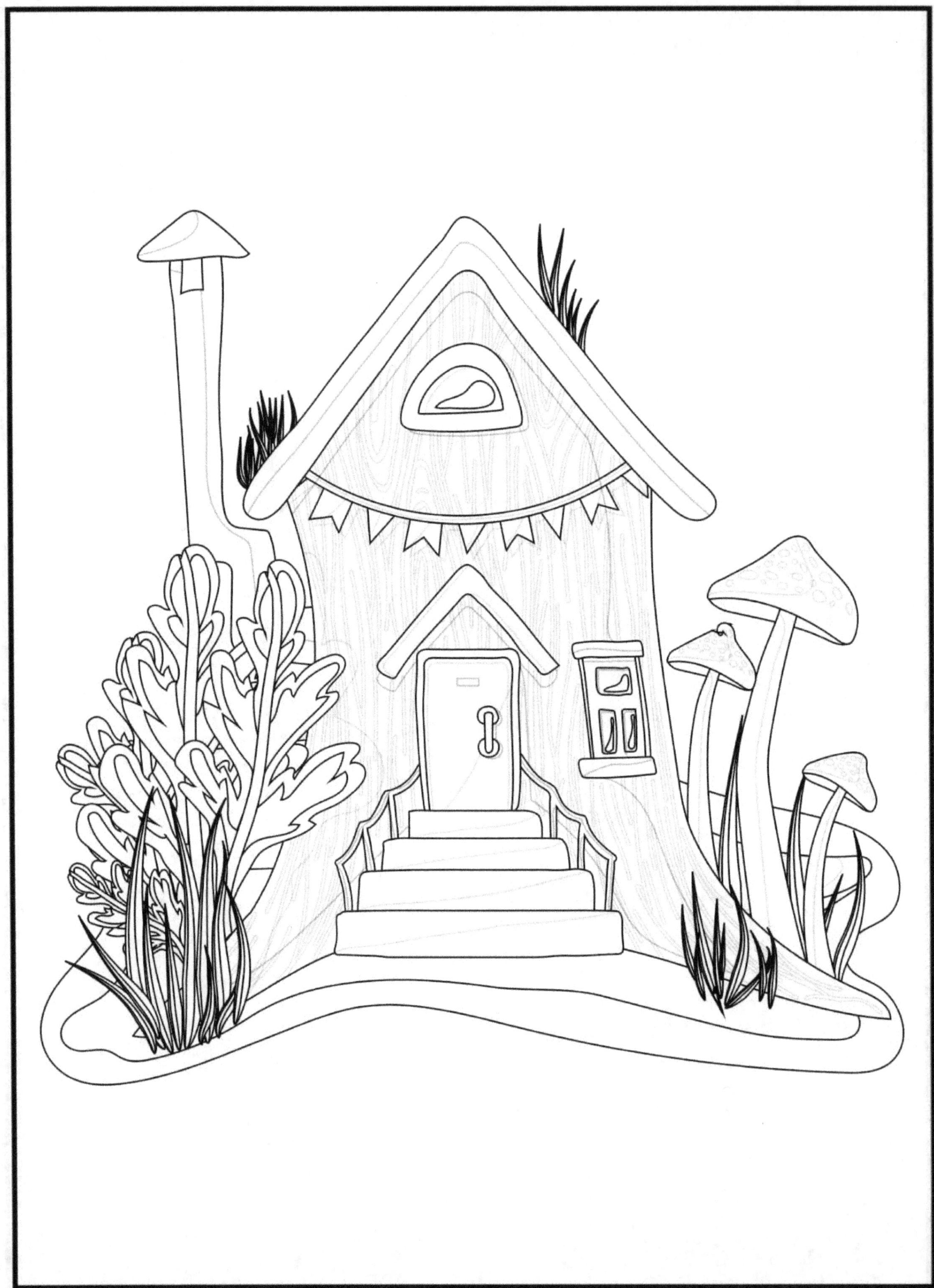

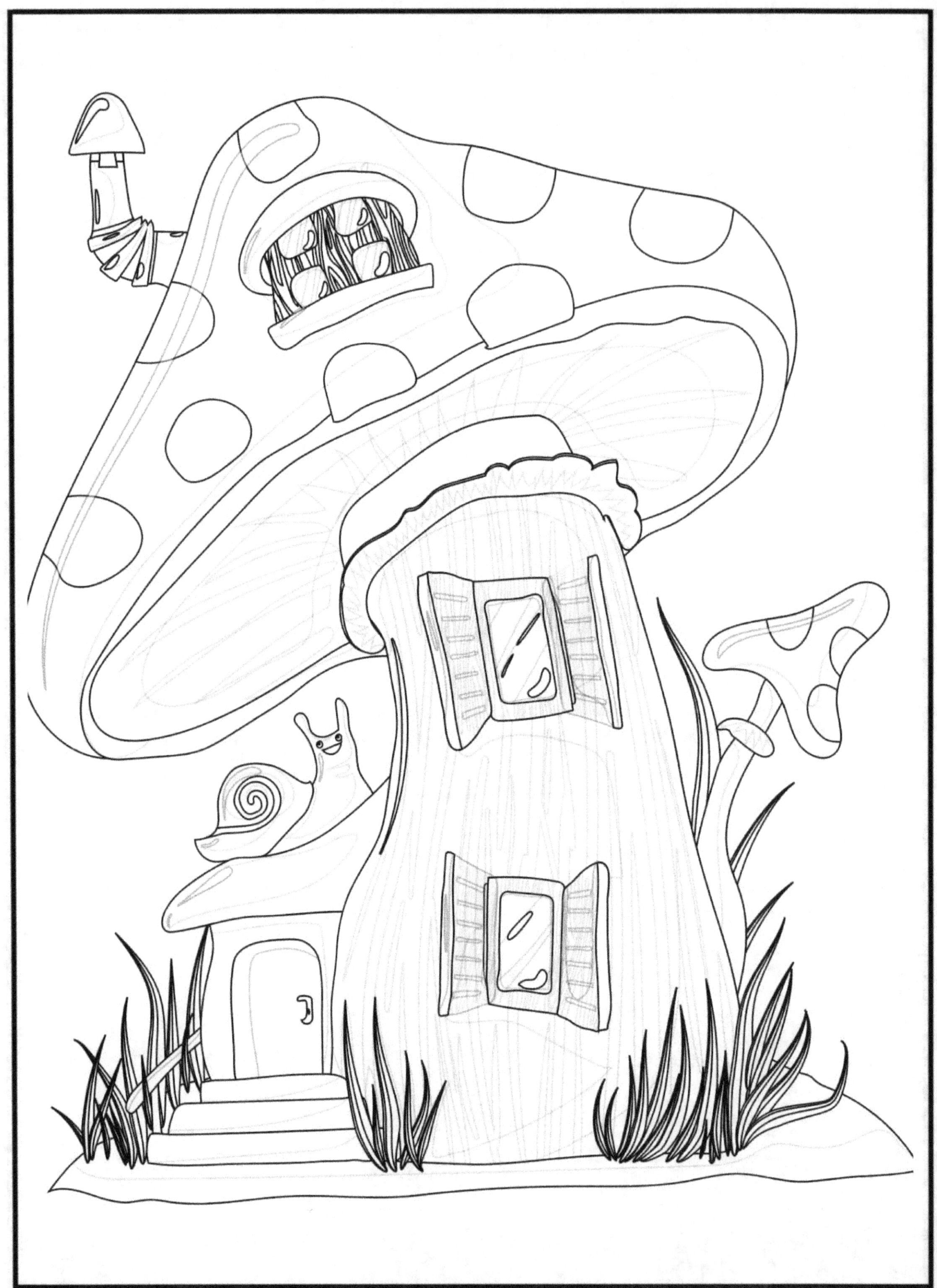

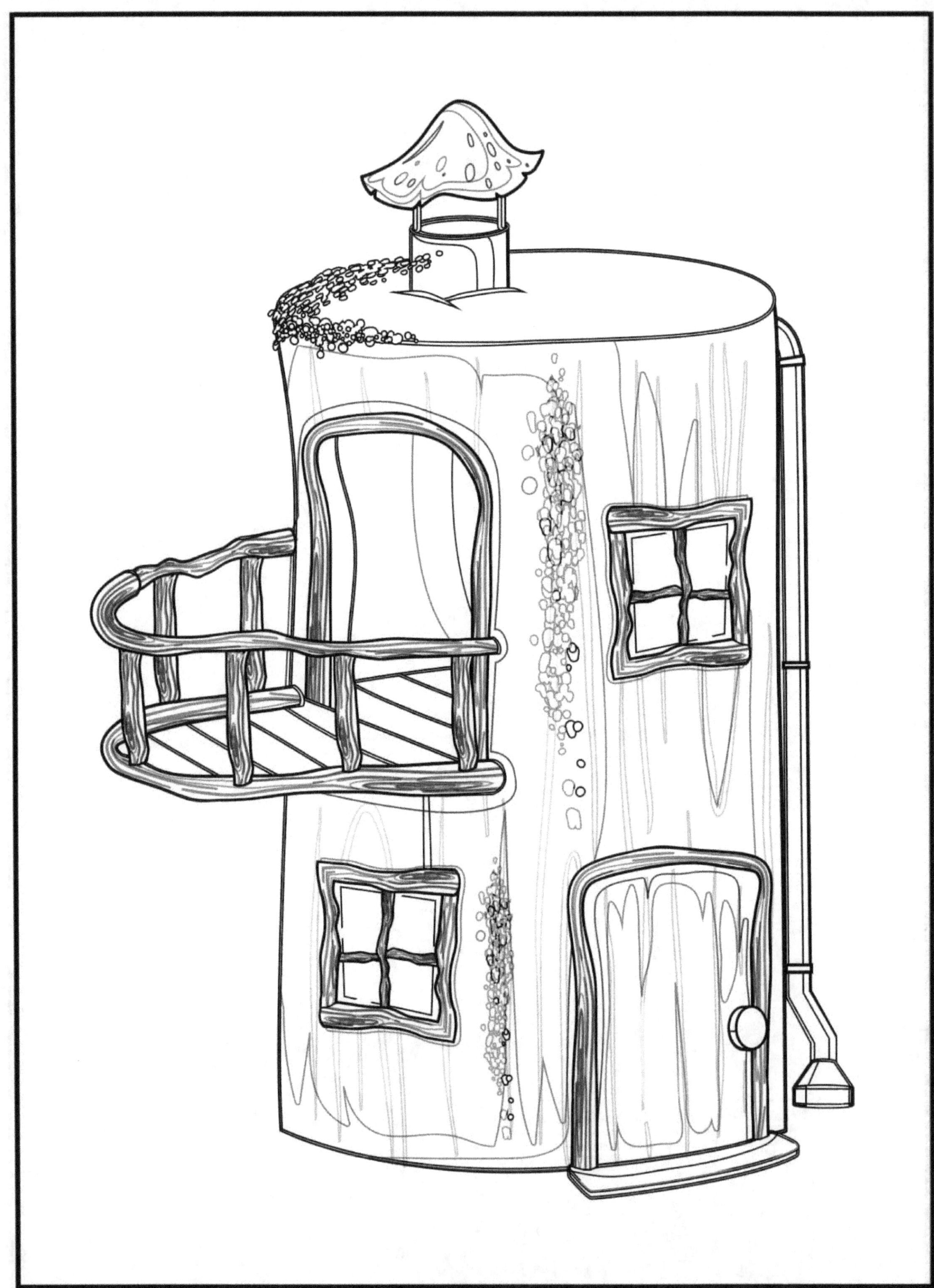

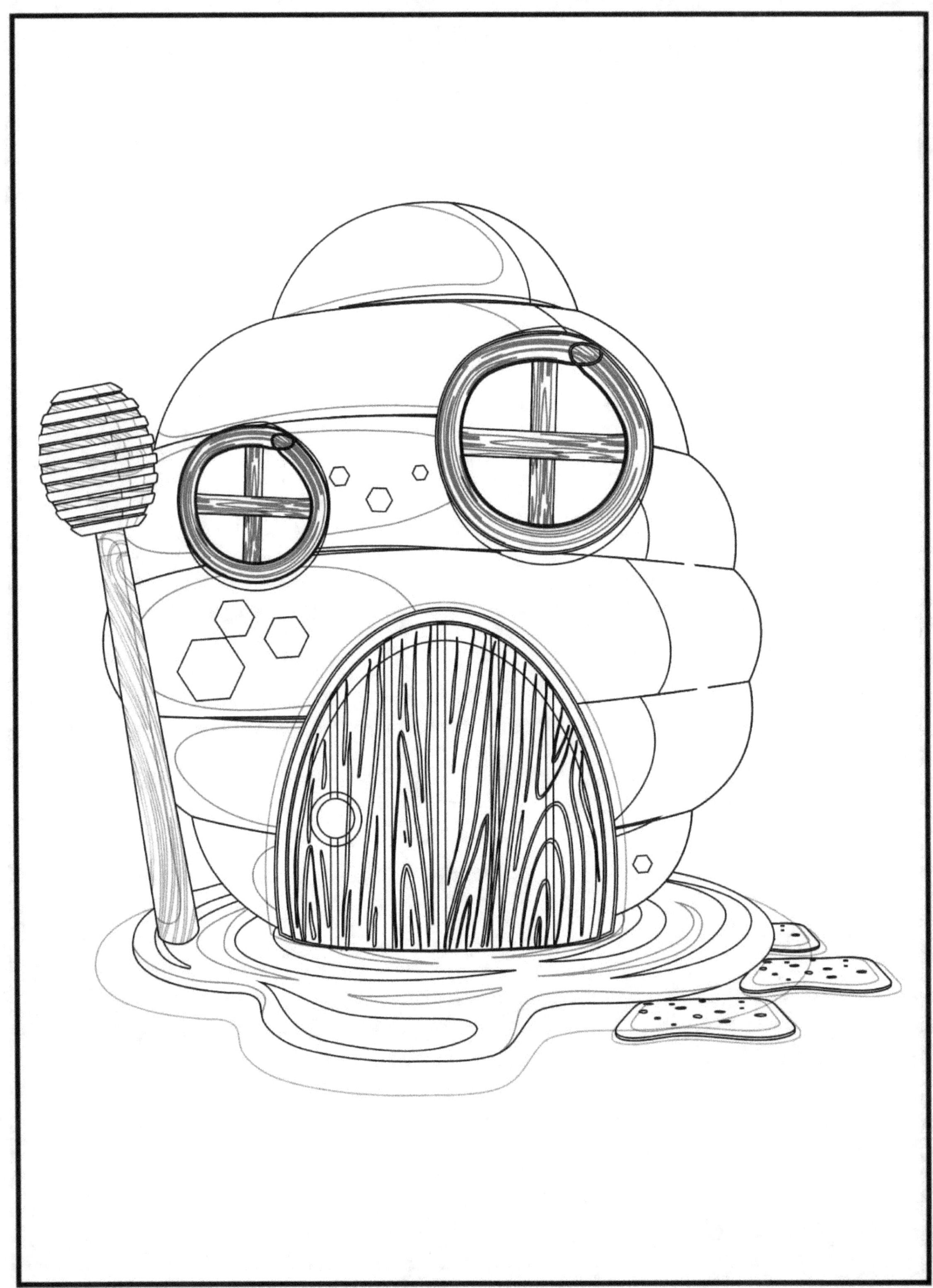

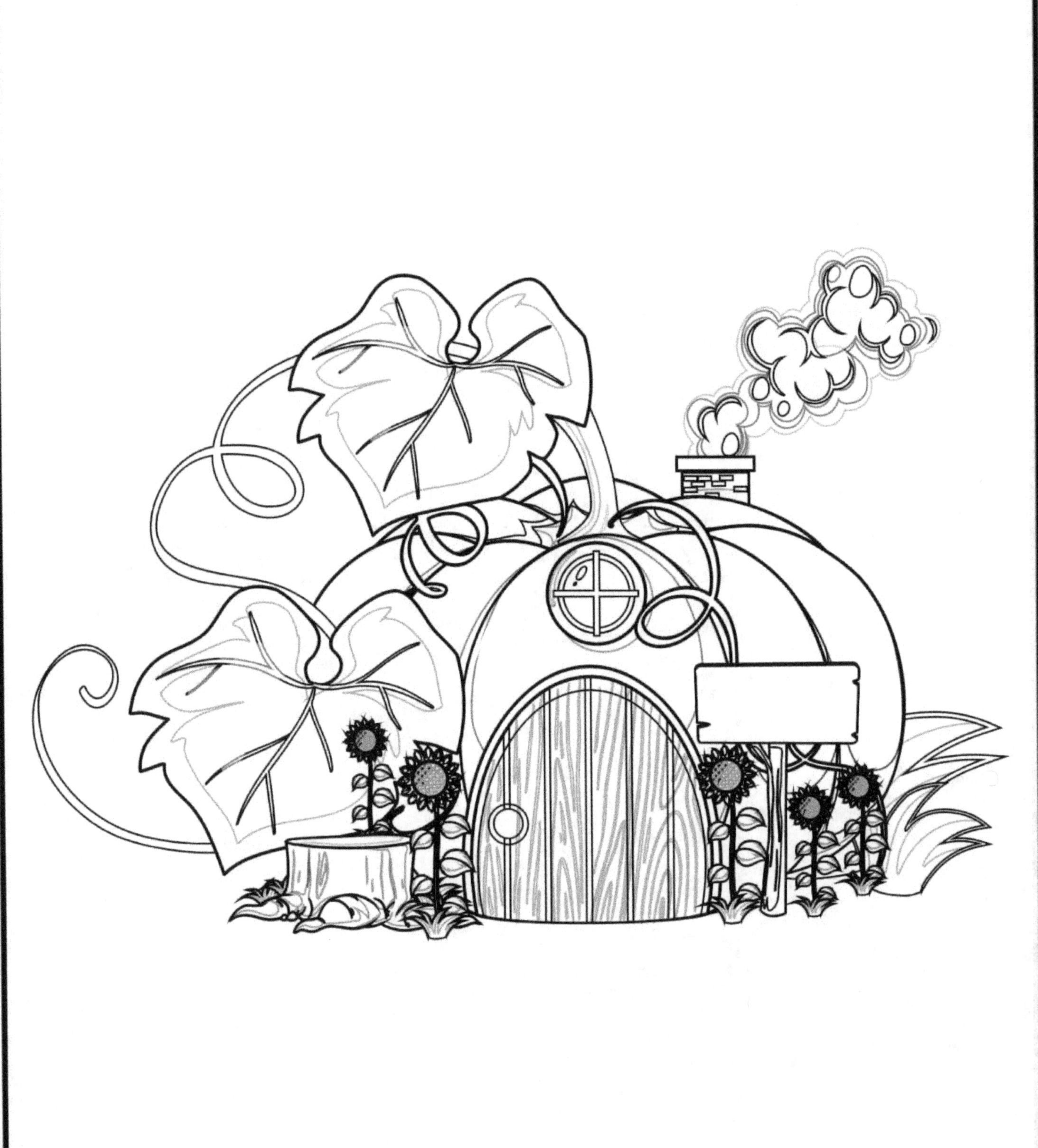

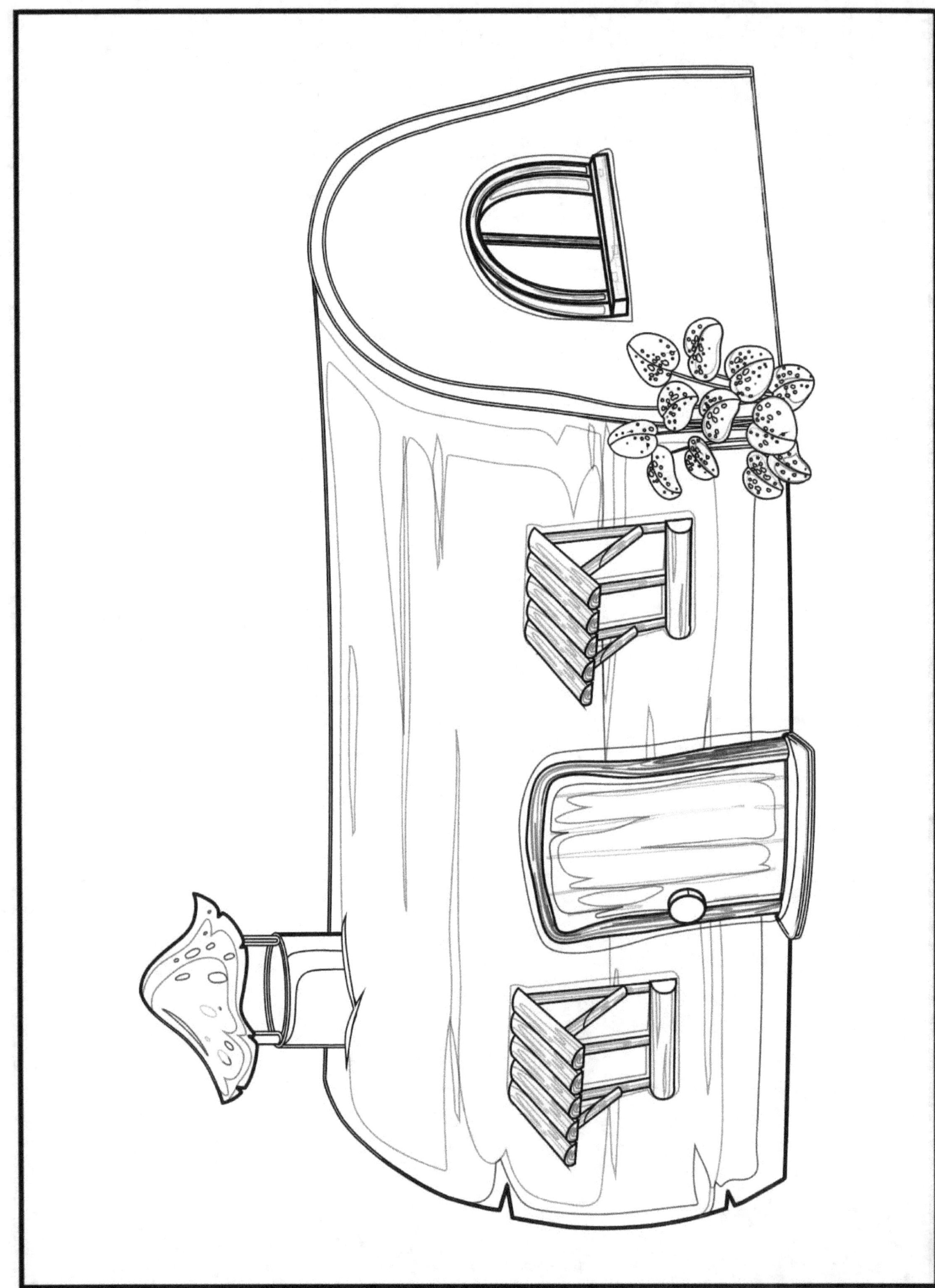

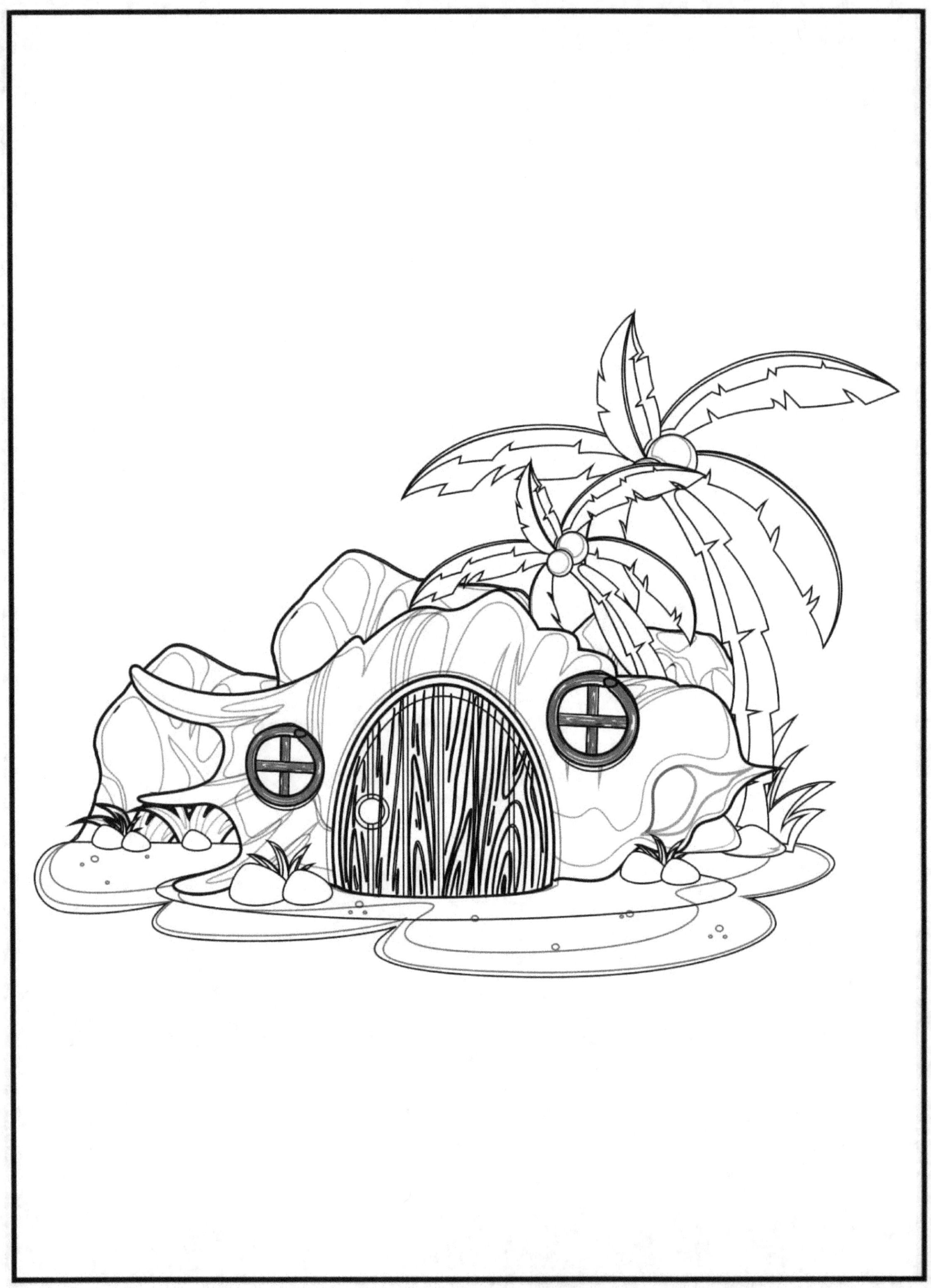

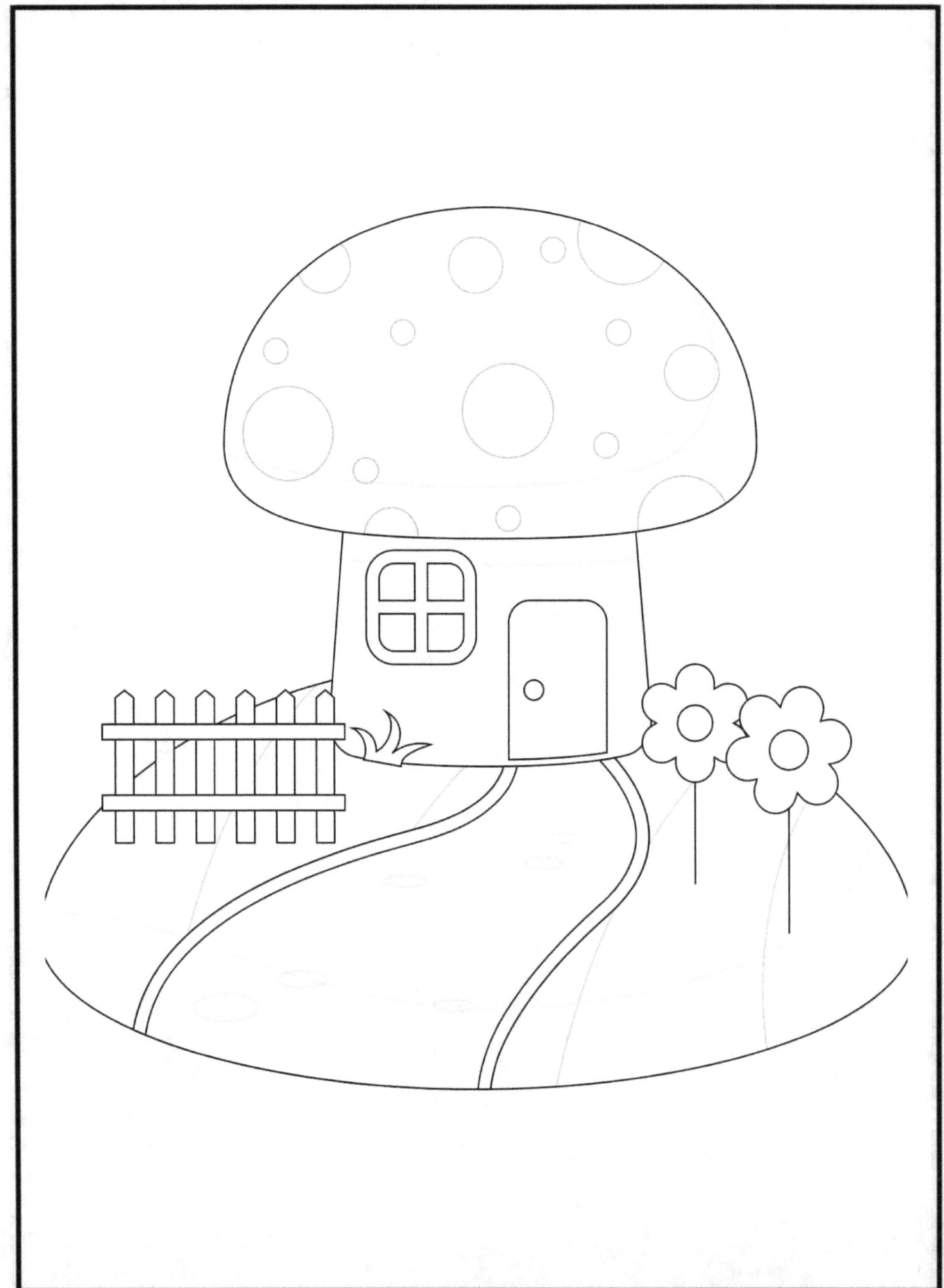

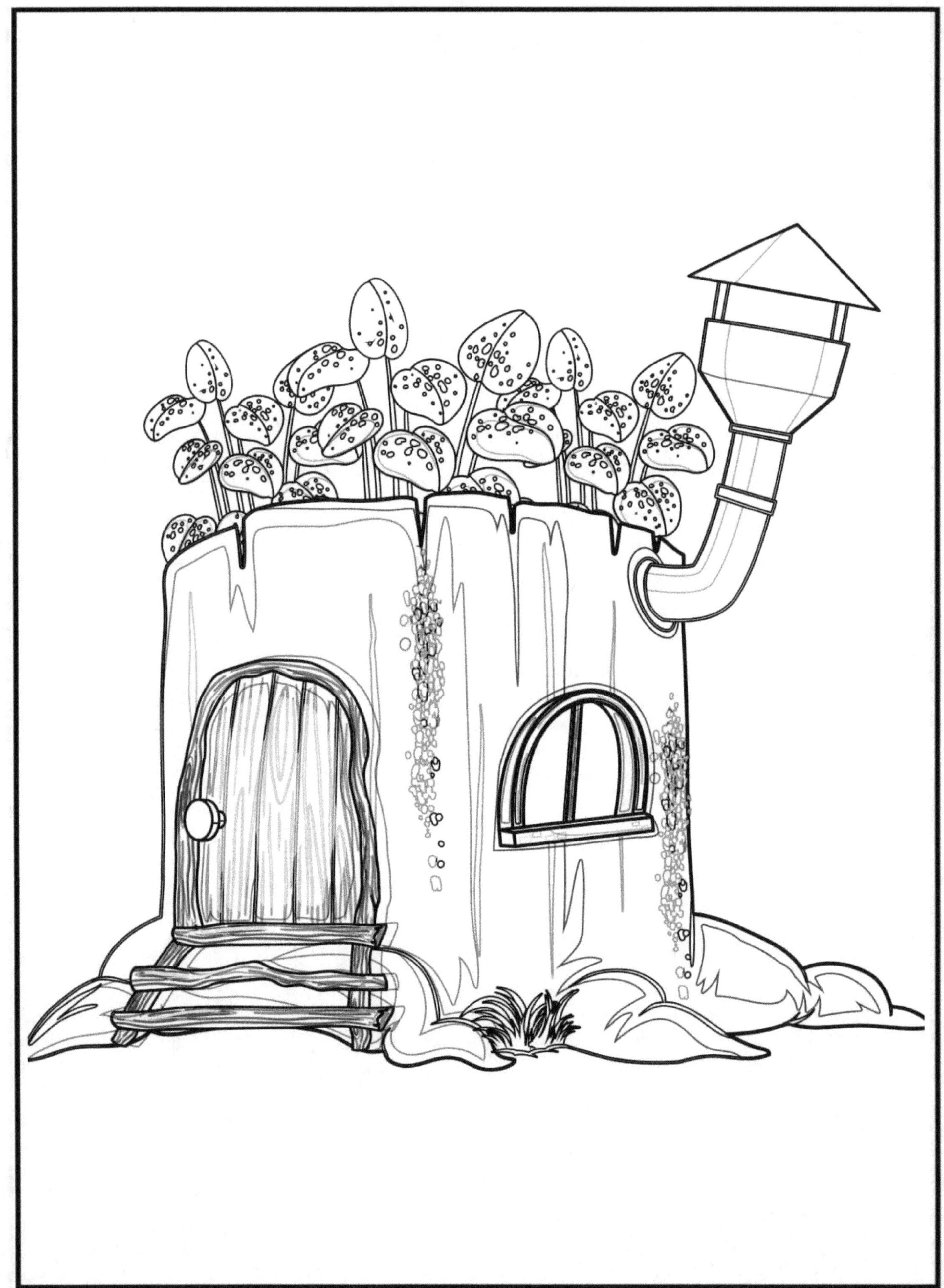

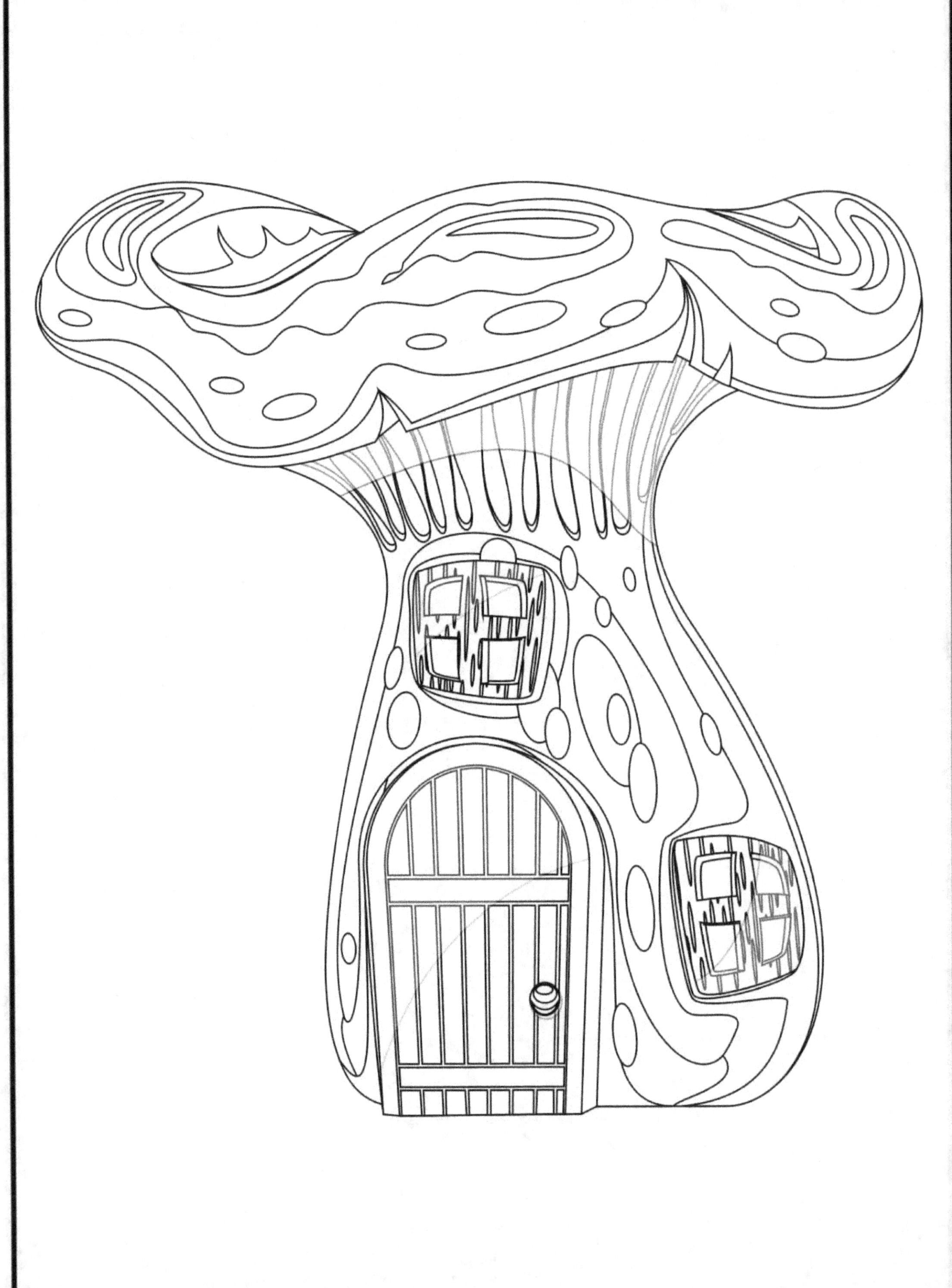

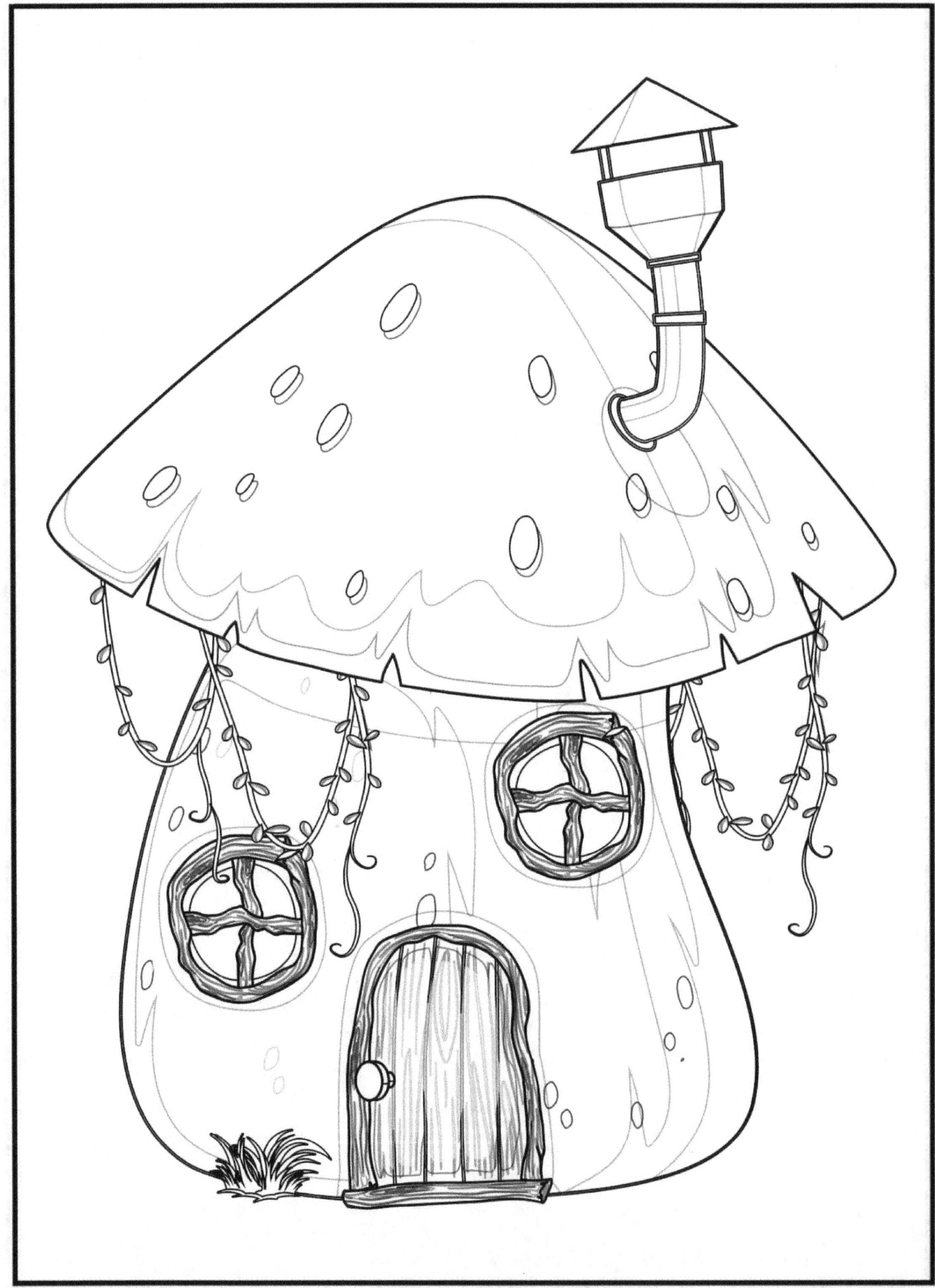

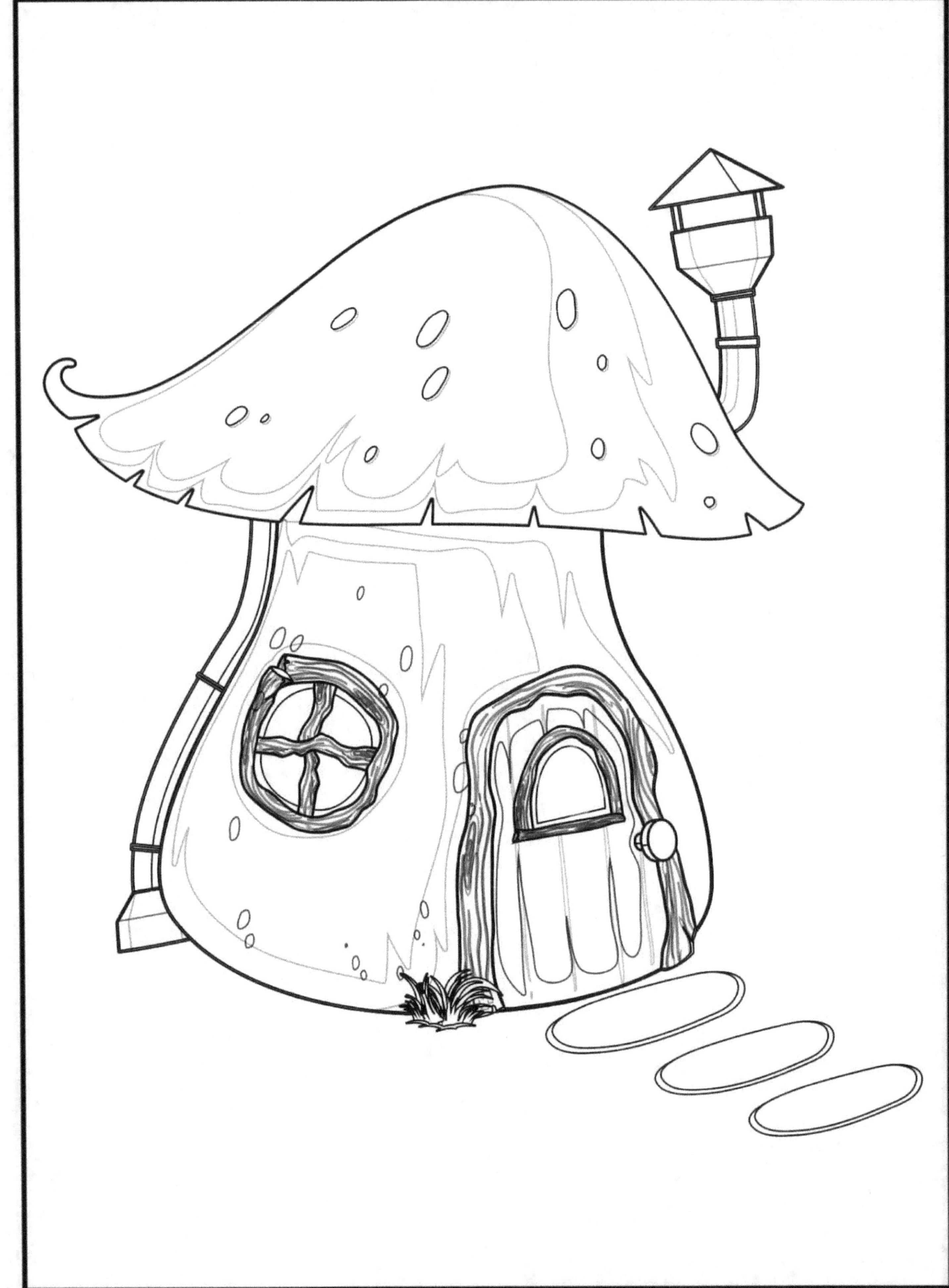

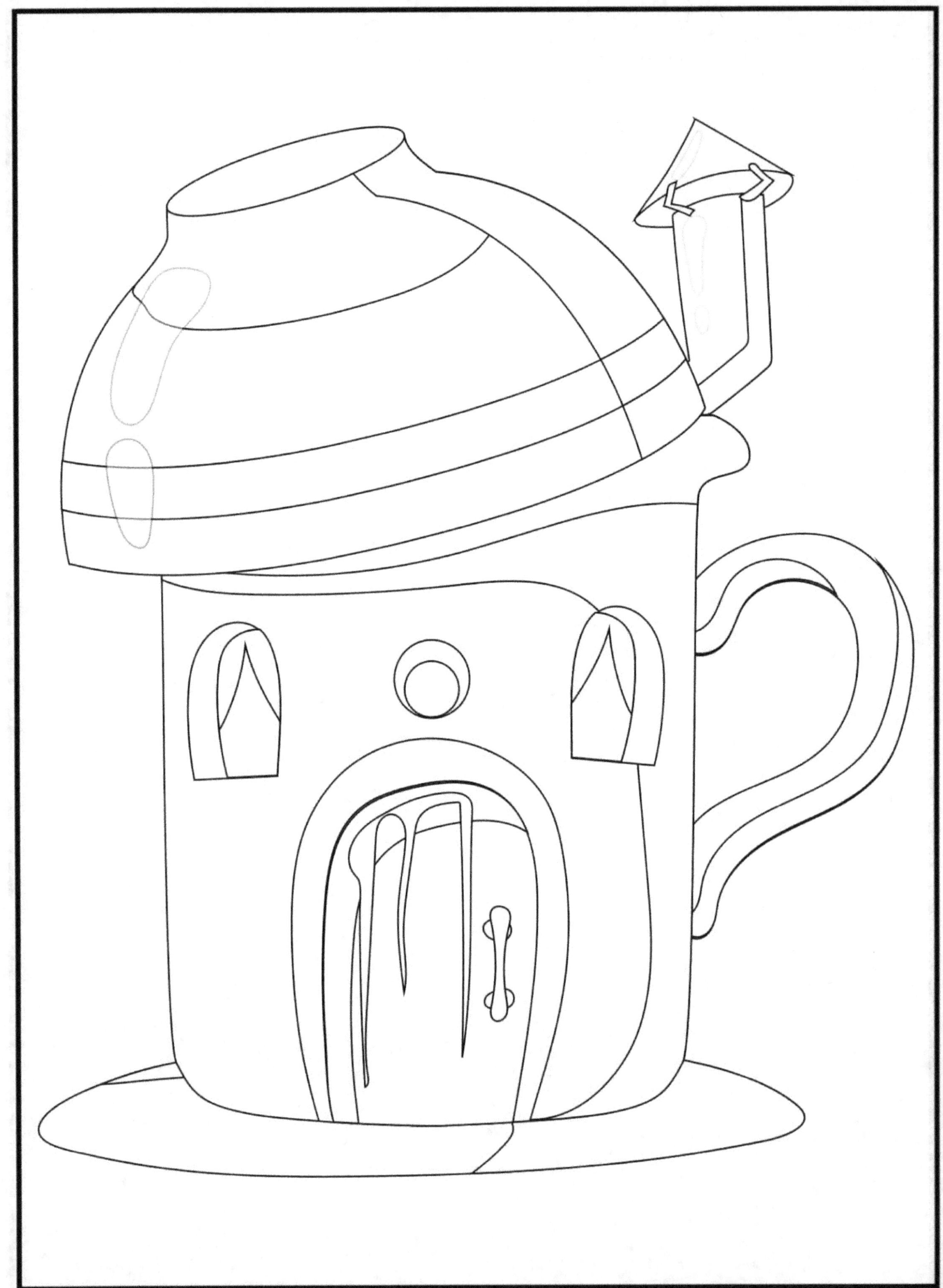

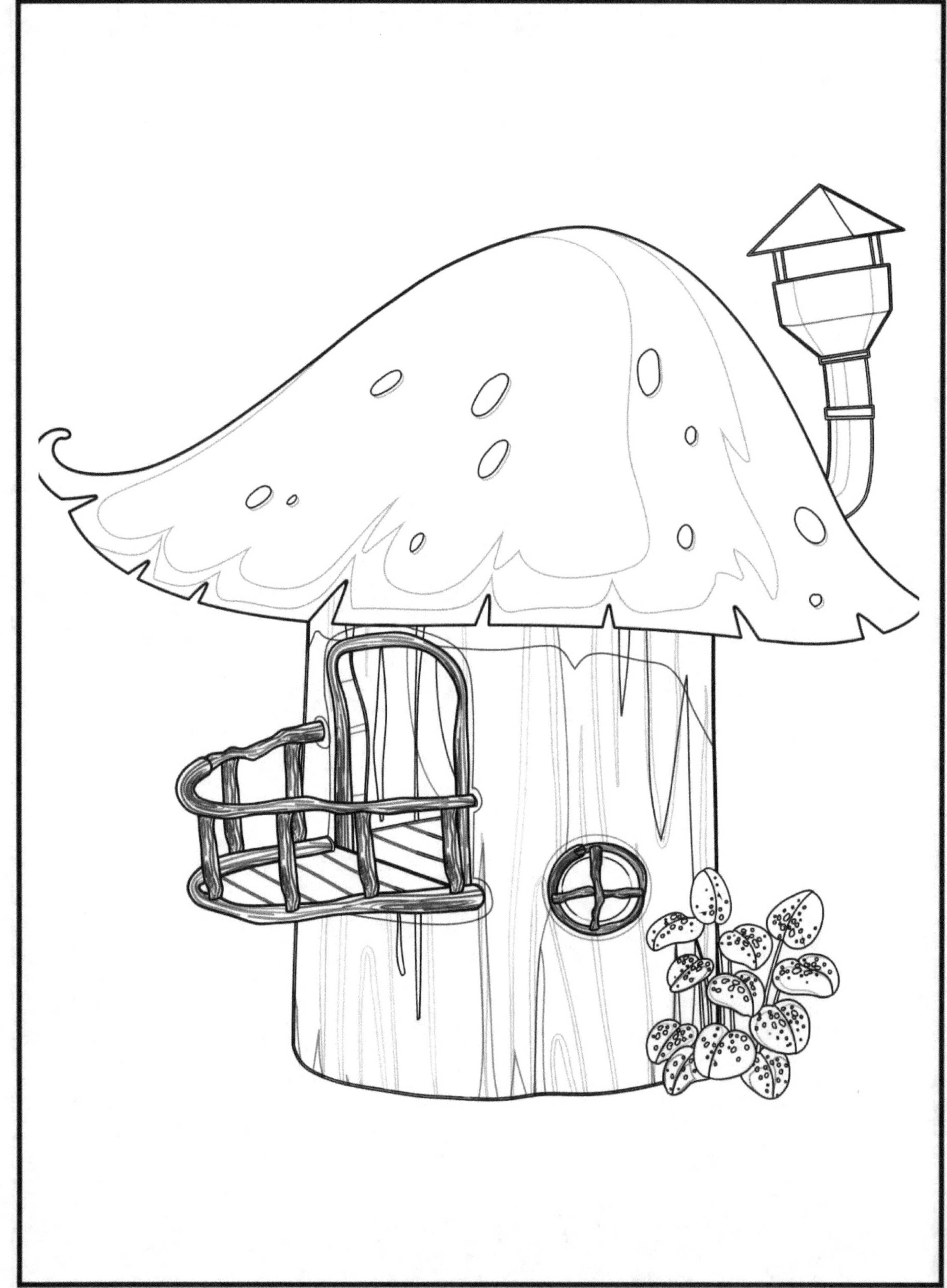

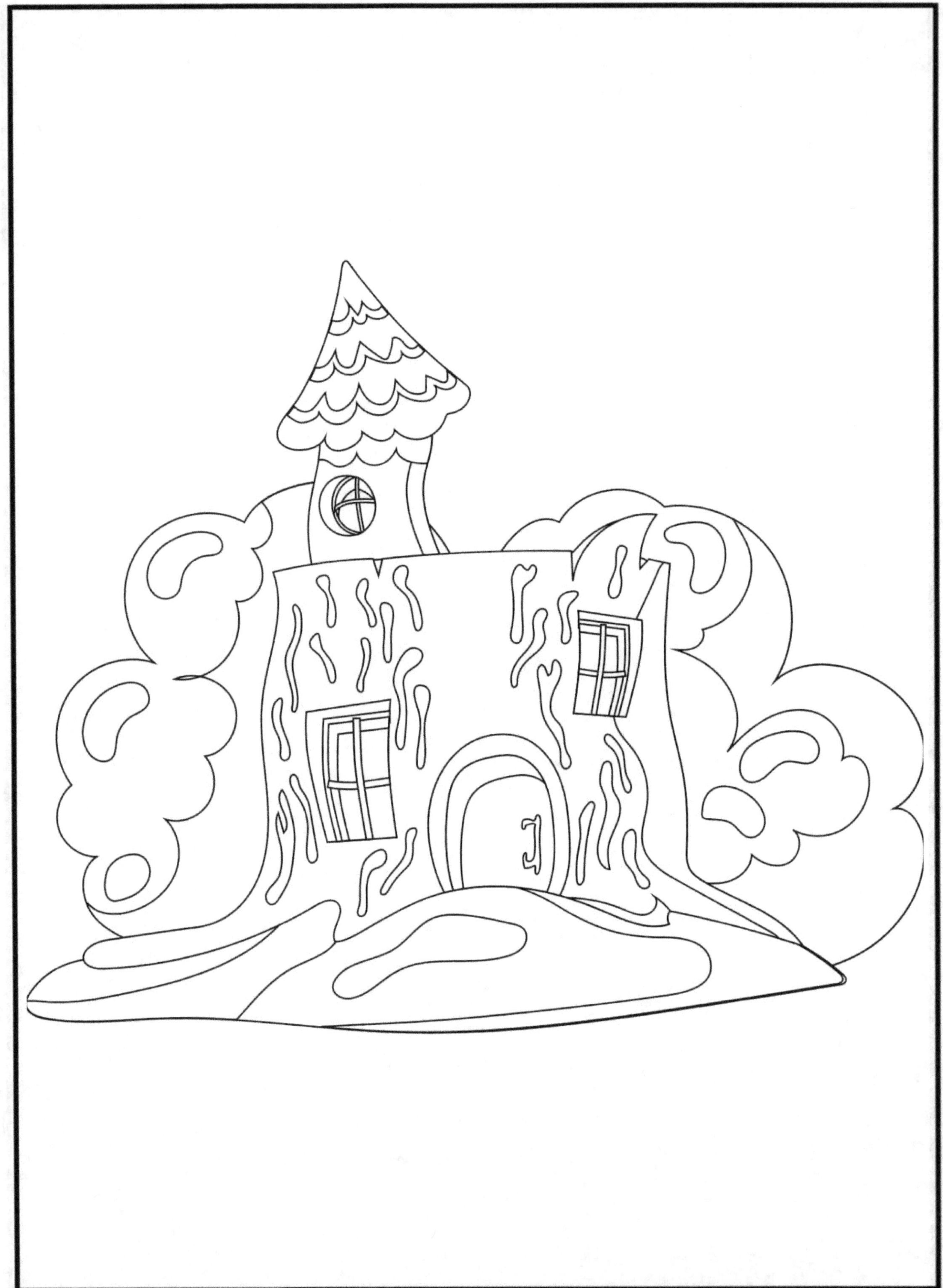

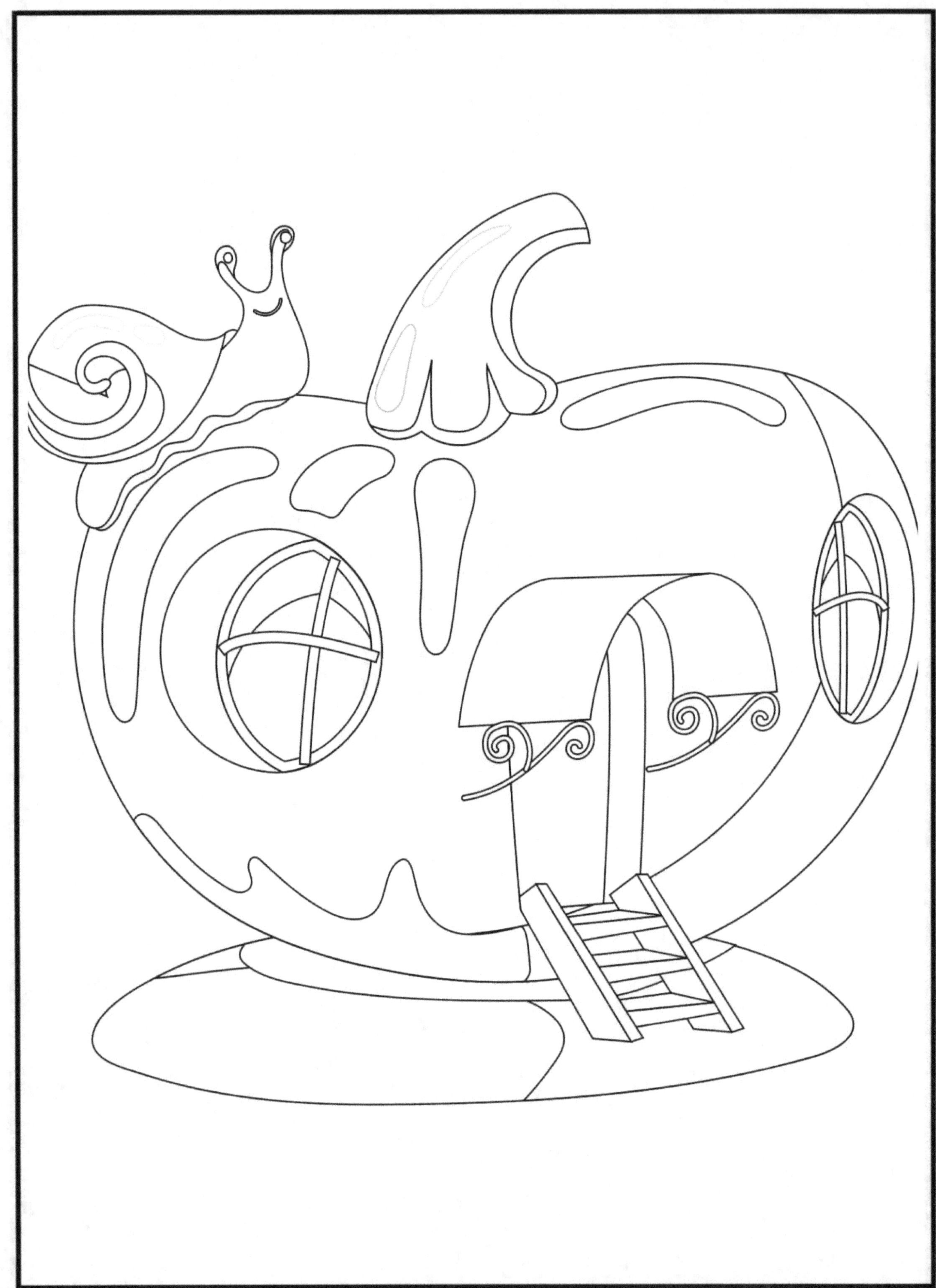

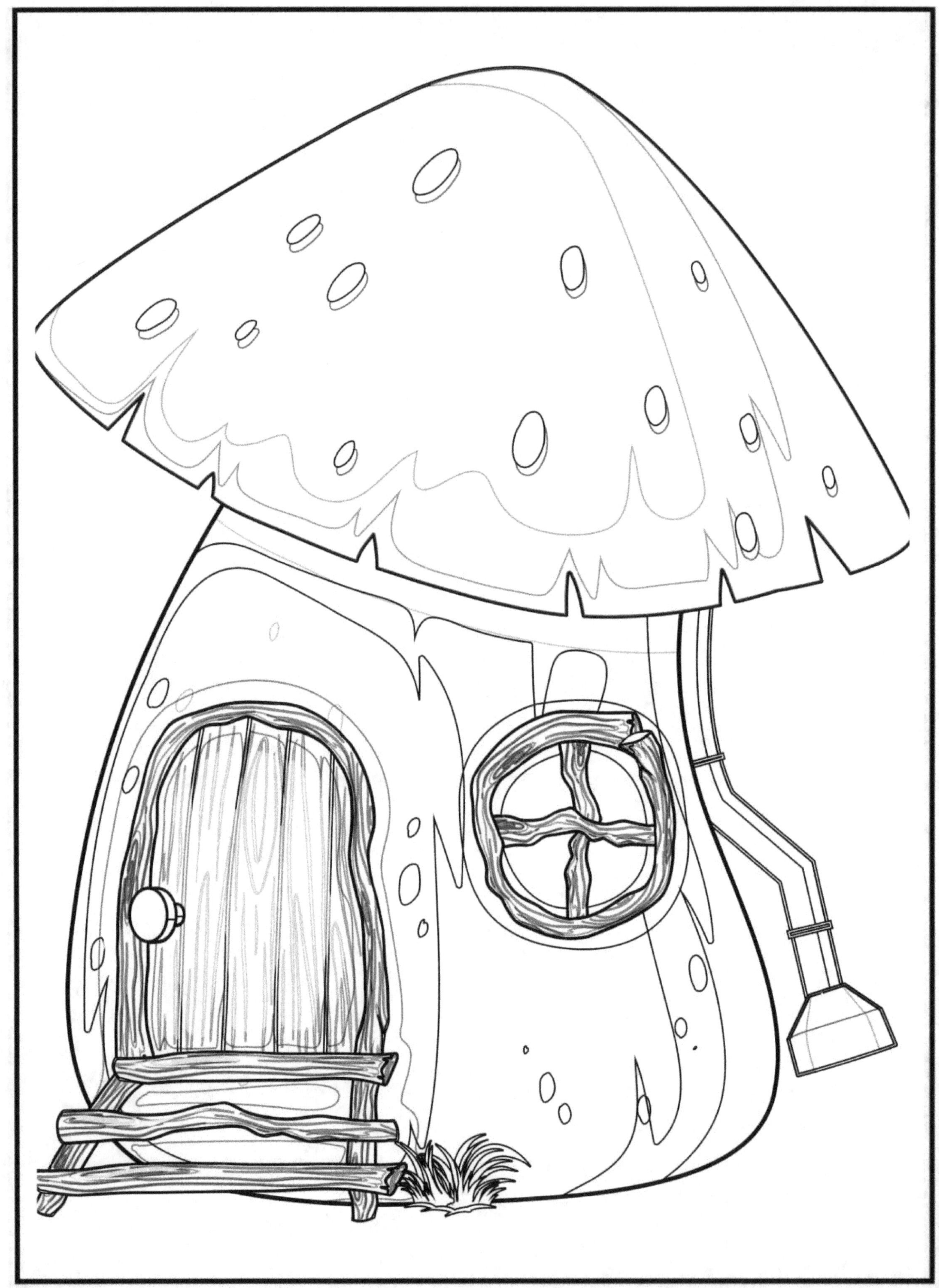

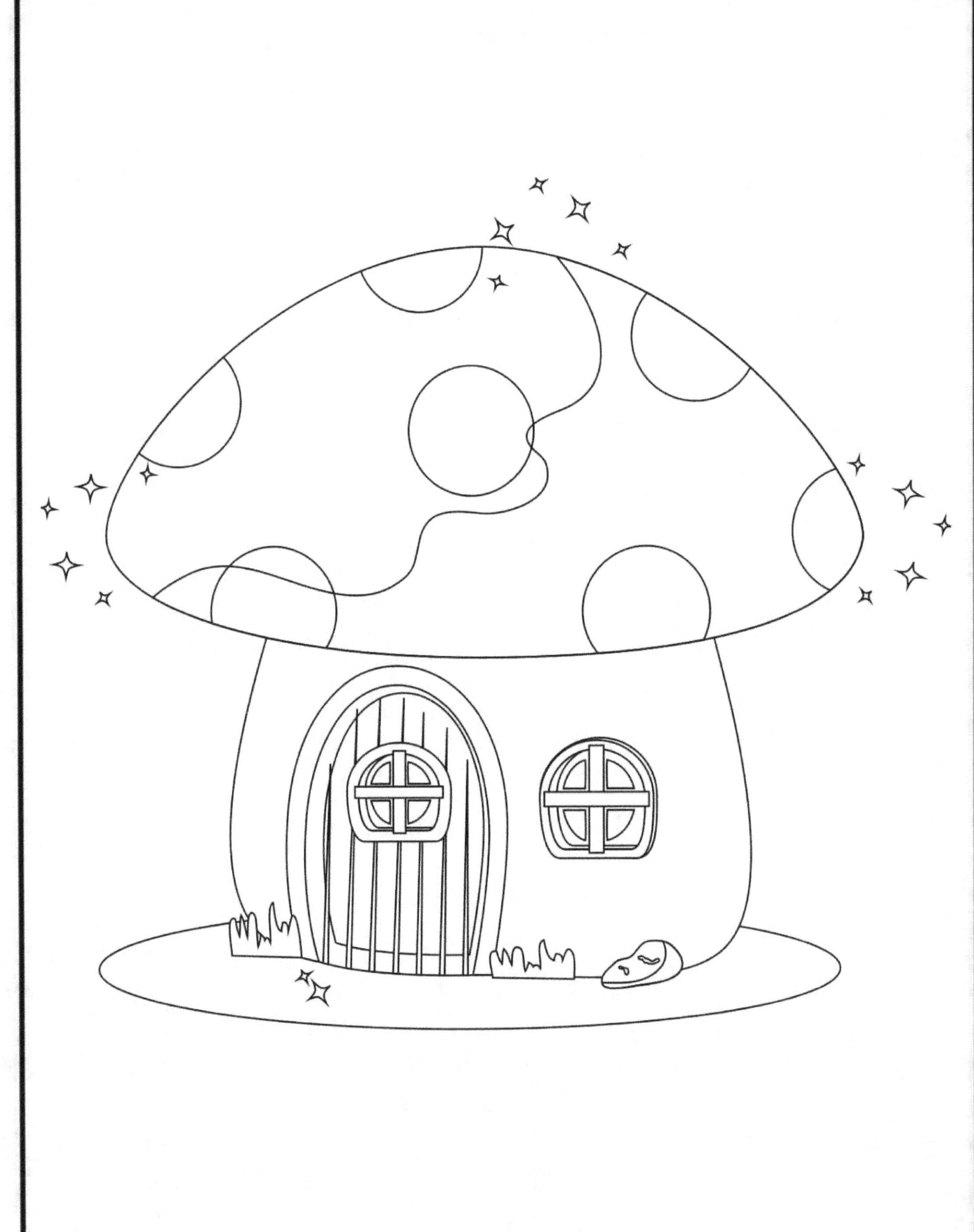

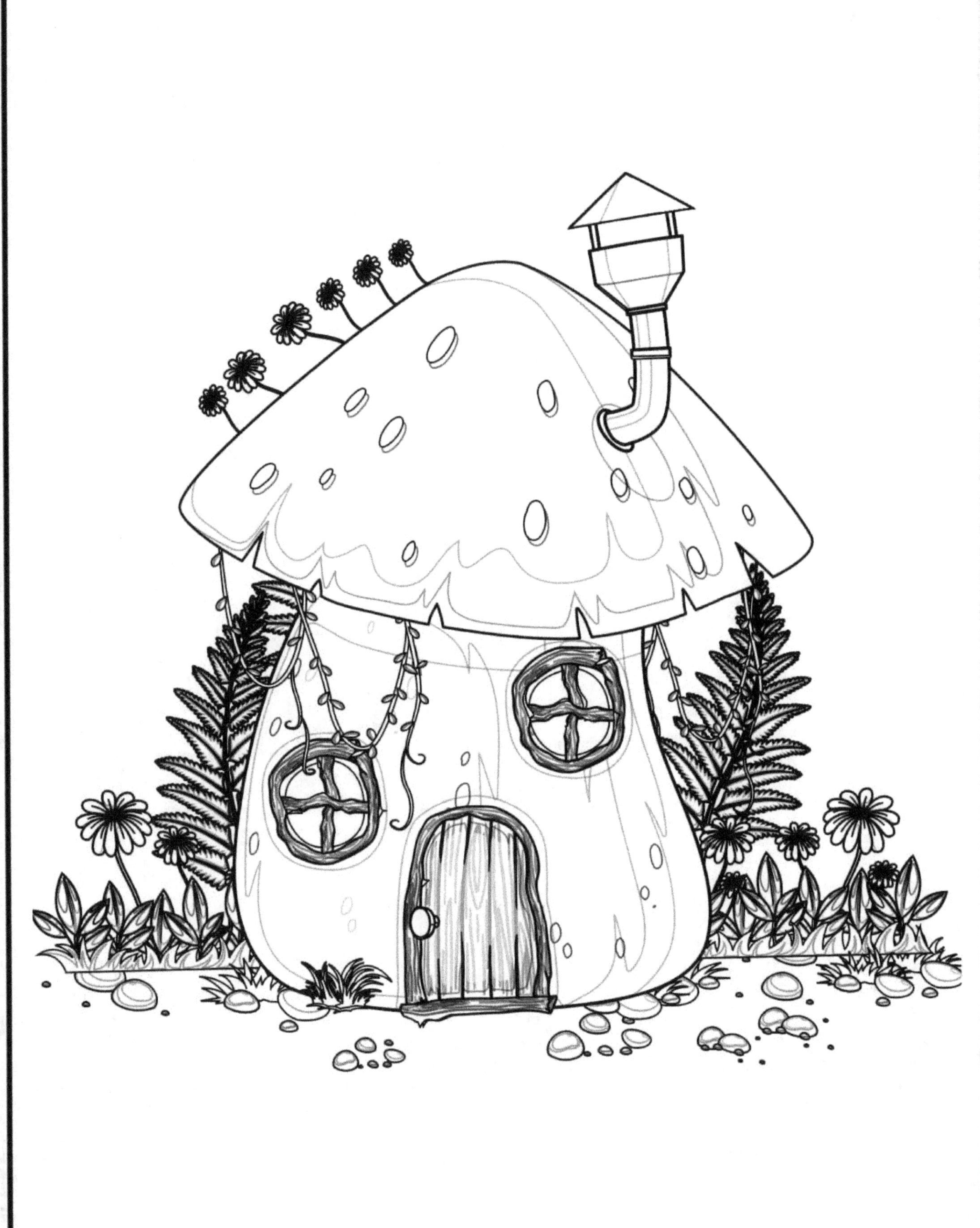

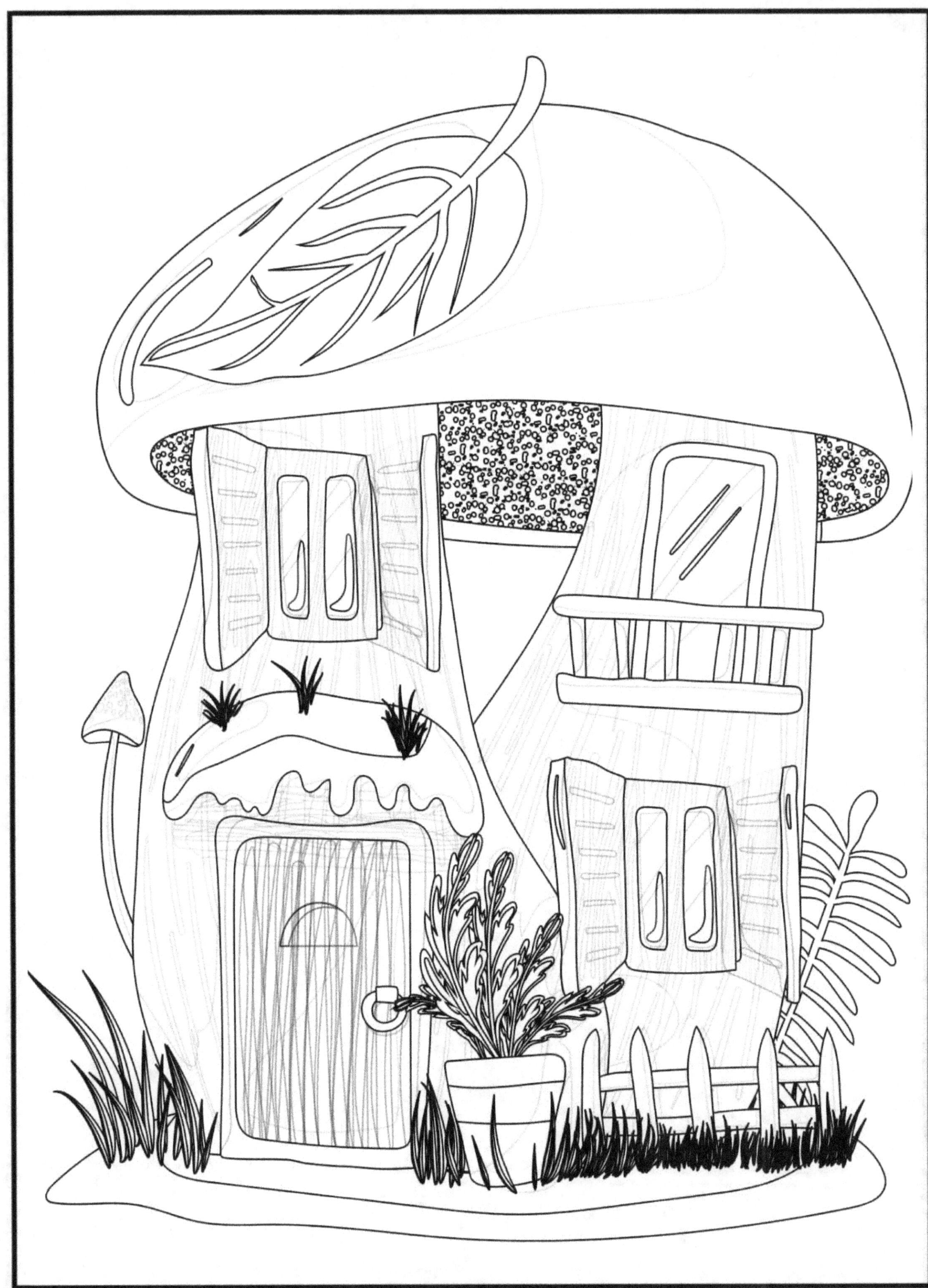

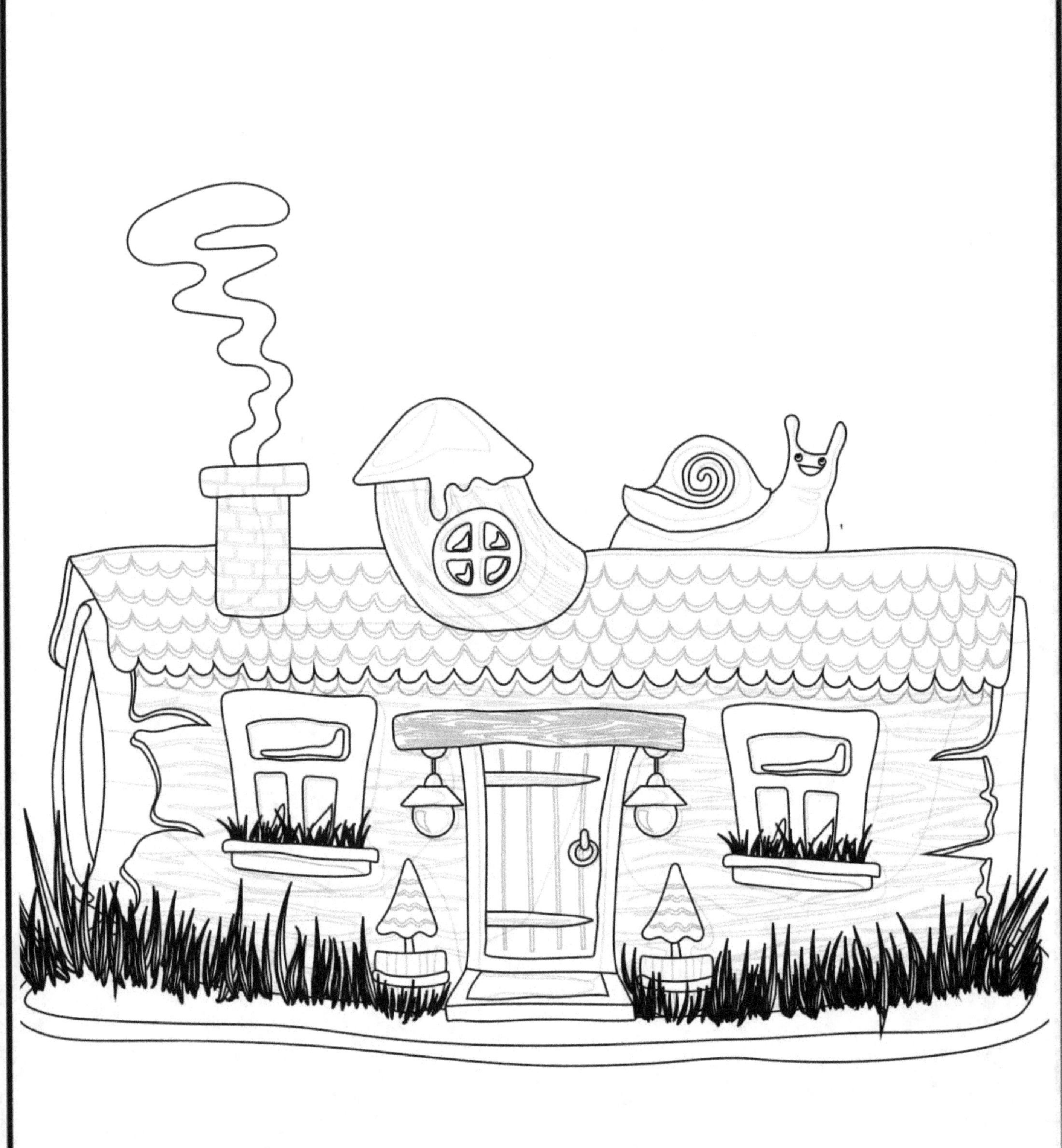

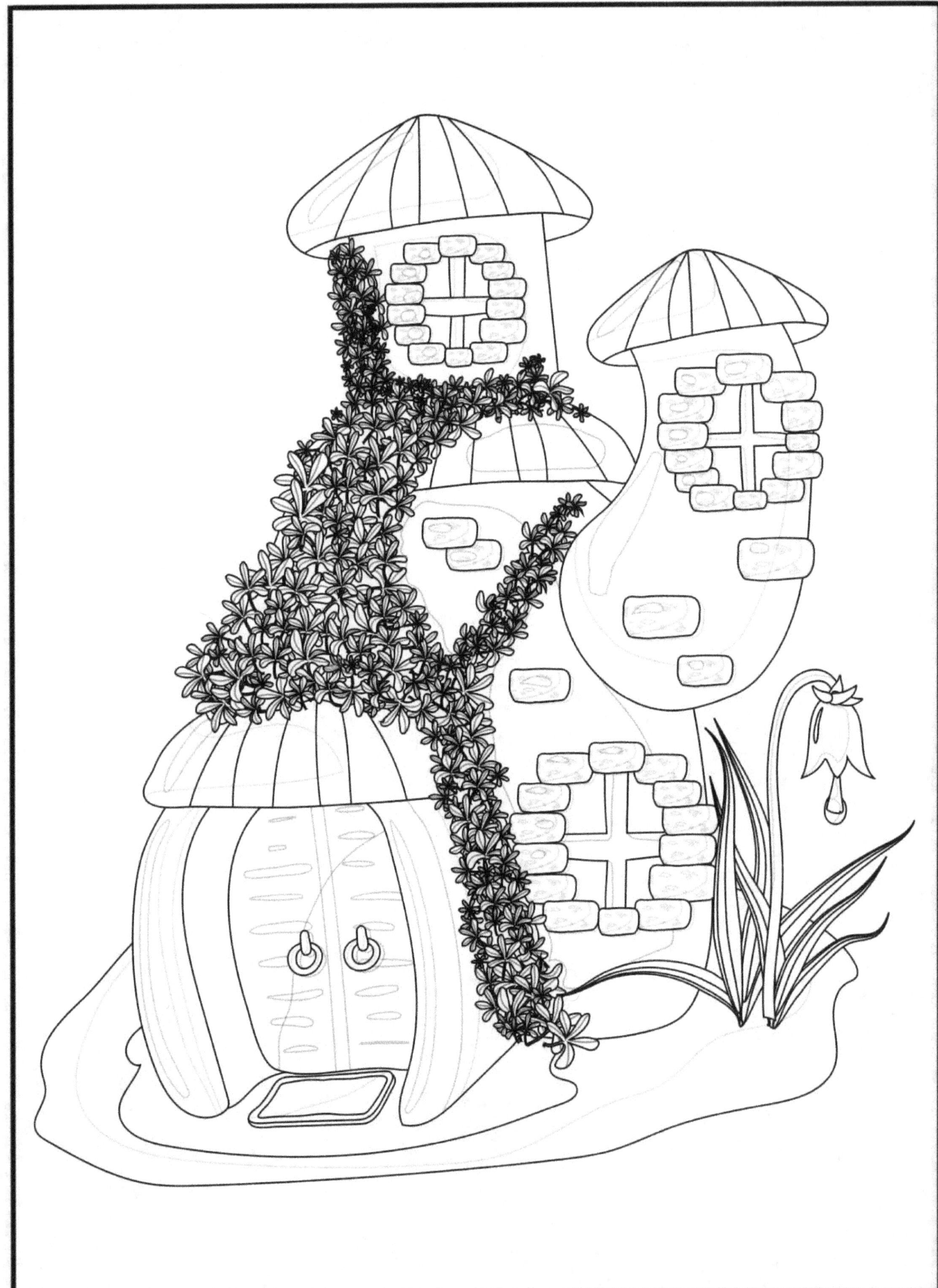

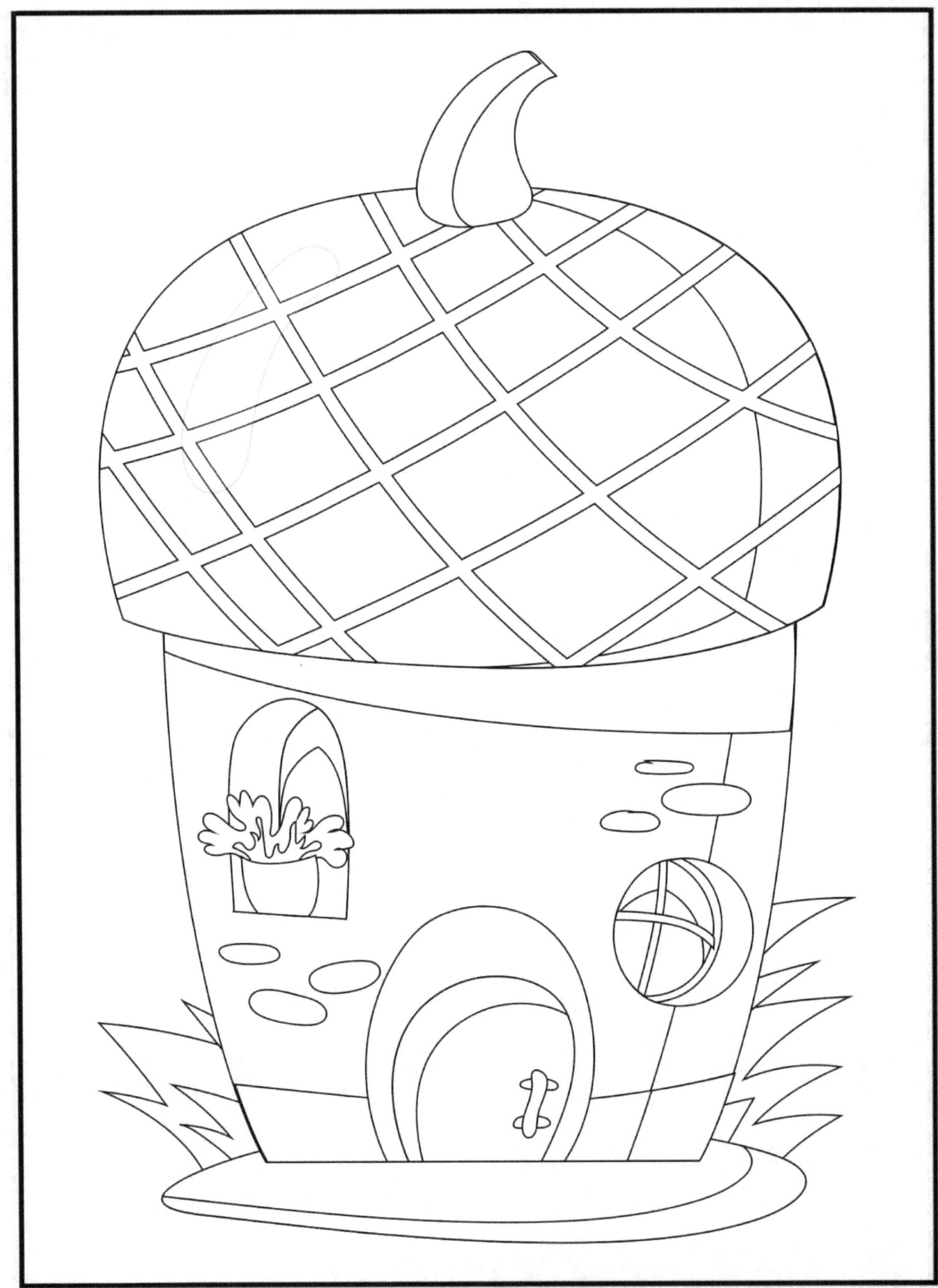

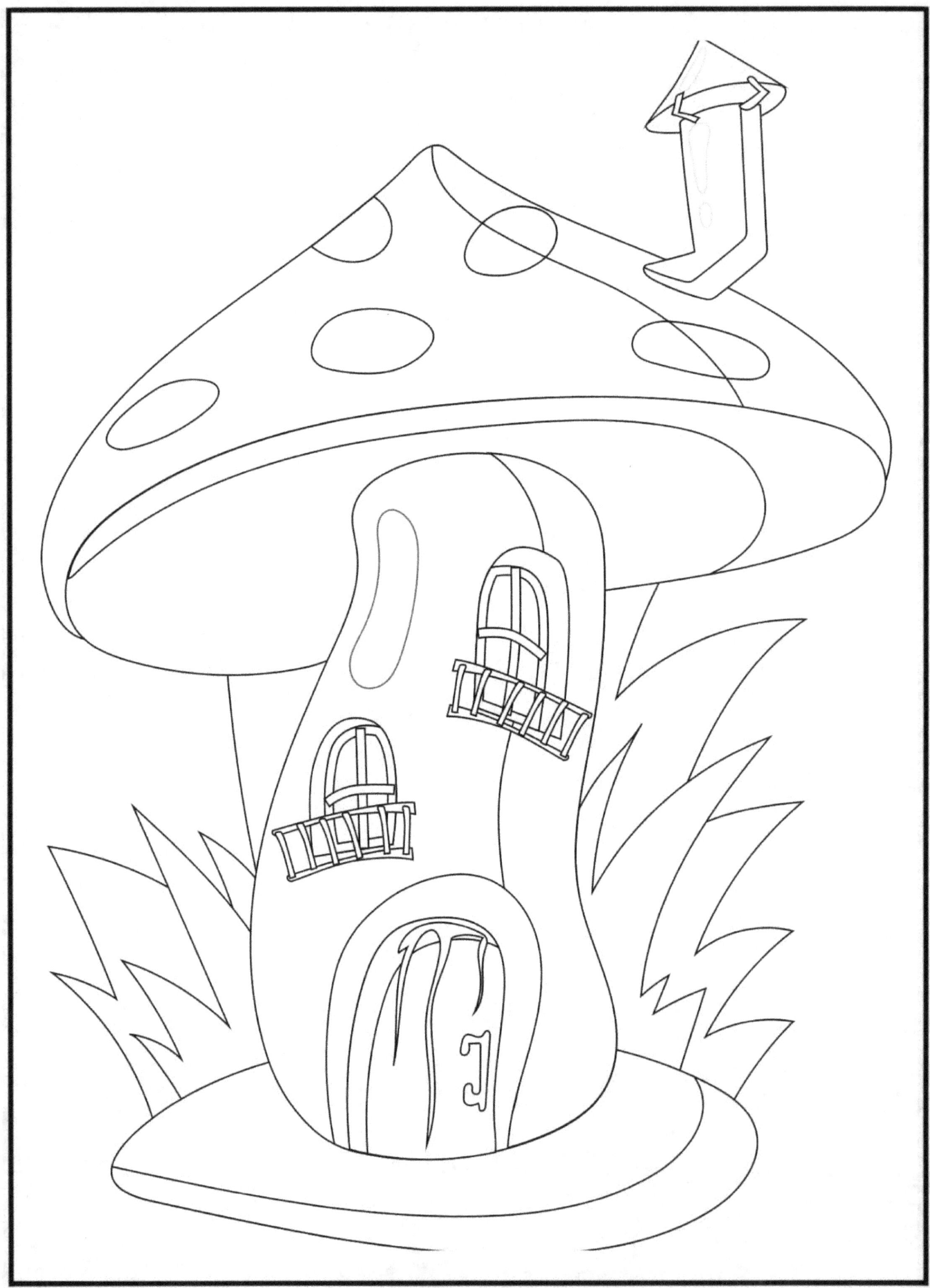

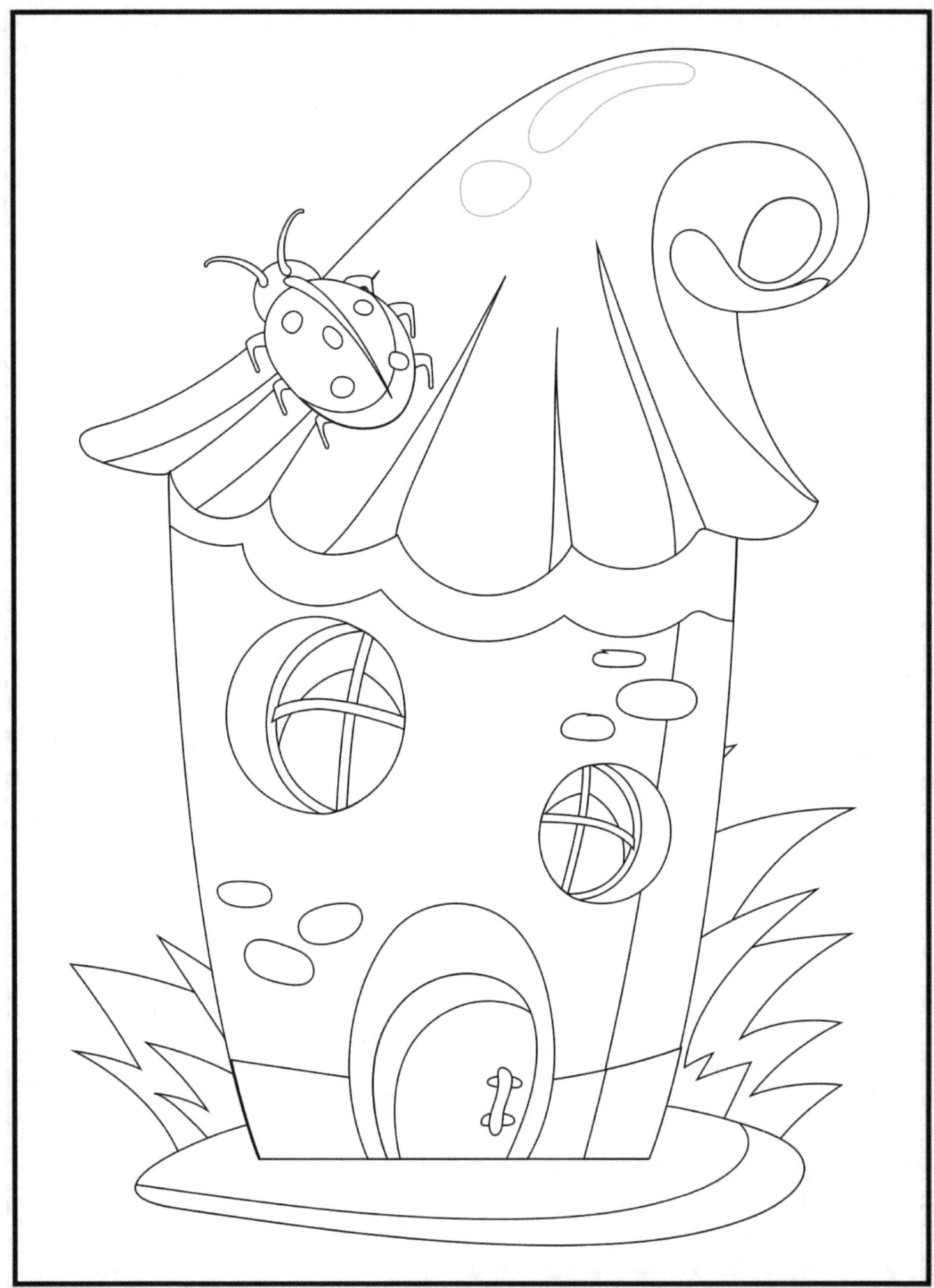

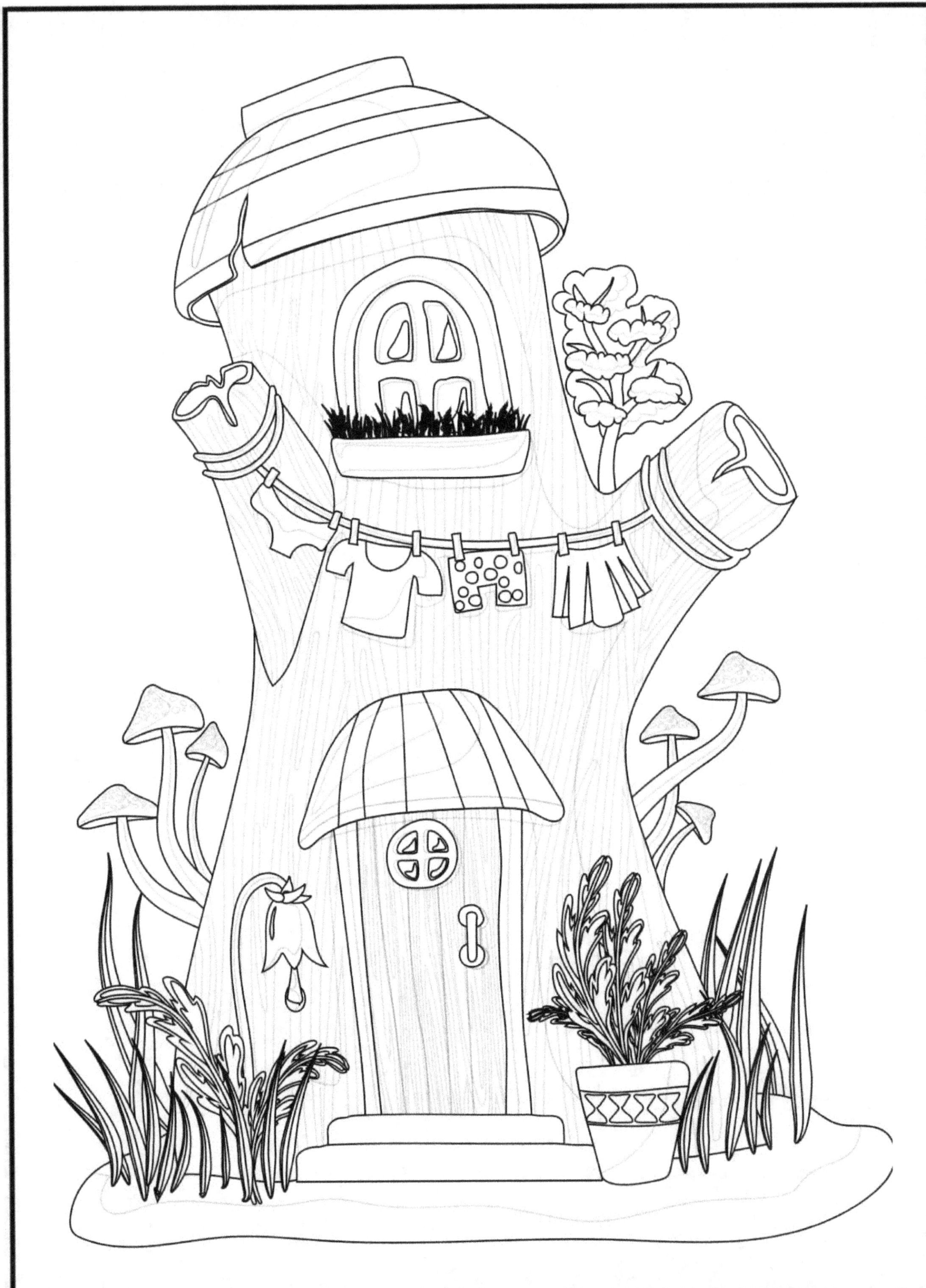

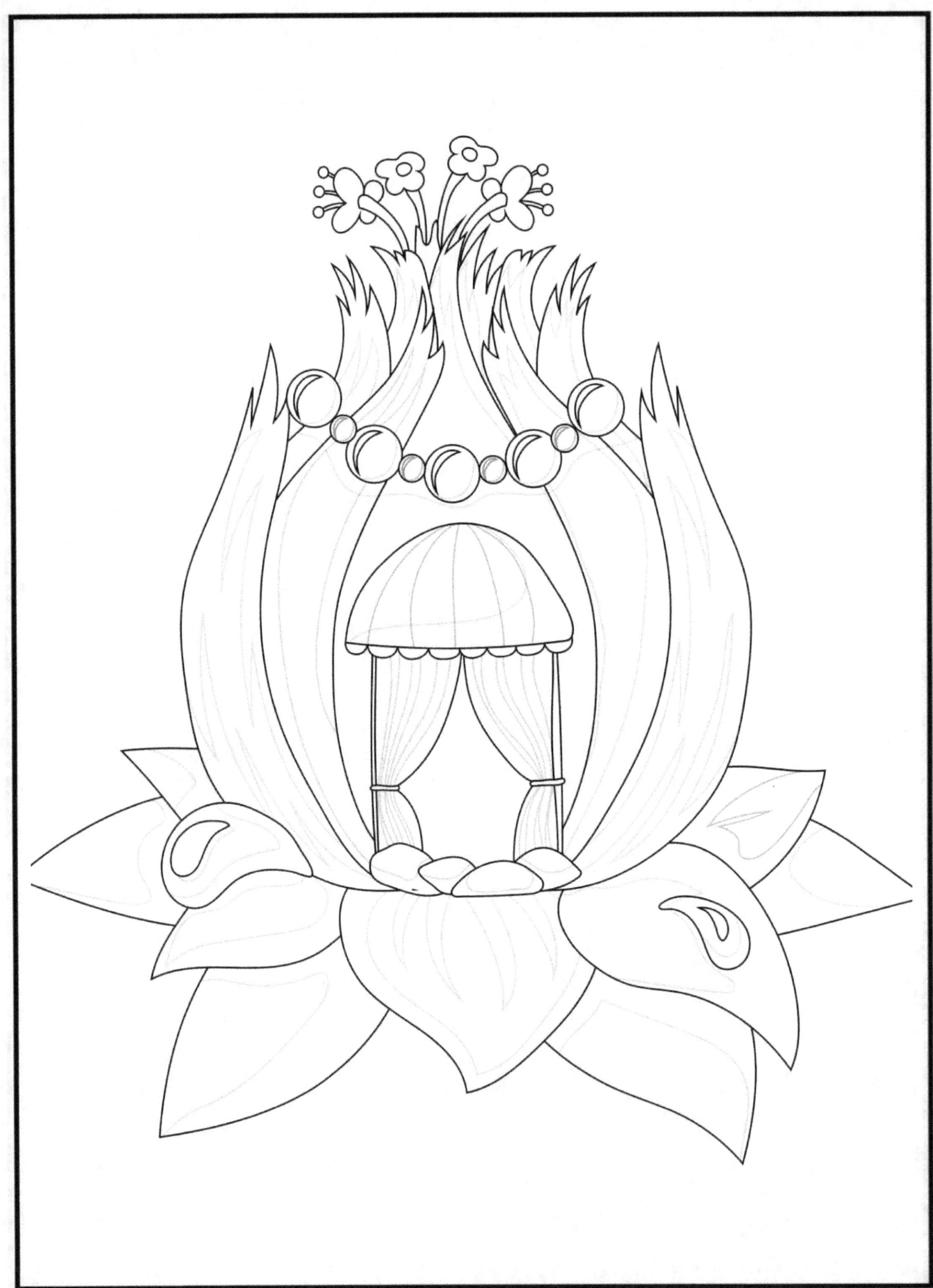

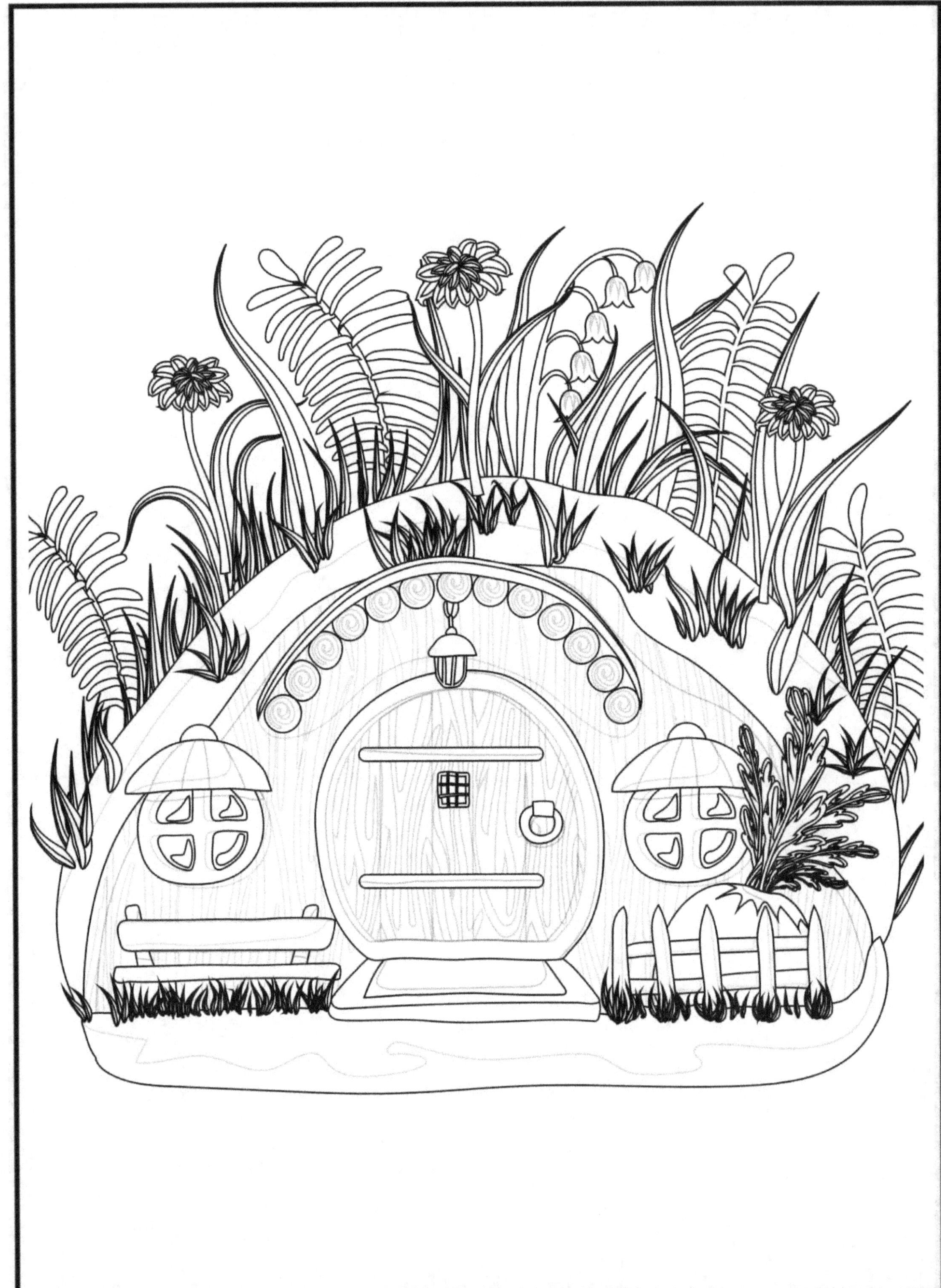